7. 9. 05, zur Rez. (FNP)

Wolter, 15. 9. 05 – nicht besprechen! eig. 19,90 €
(Kochbücher eig. [illegible])

GEQUÄLTE BRÖTCHEN

JOVANKA V. WILLSDORF & CHRISH KLOSE

GEQUÄLTE BRÖTCHEN
EIN KÜCHENZAUBERBUCH

SCHWARZKOPF & SCHWARZKOPF

» HOME IS WHERE THE KÜHLSCHRANK STEHT «

GEQUÄLTE BRÖTCHEN

Es war einmal ein grau verregneter Sonntagmorgen in Berlin …
Ja, genauso fing es an. Klassisch quasi. Ich war zu Hause, hatte große Lust zu frühstücken, und in meiner Küche tat sich das typische ›Sonntagmorgen-fast-nichts-da‹ auf. Jetzt auf nüchternen Magen runter in den grauen Tag zu laufen, kam natürlich gar nicht erst in Frage.
Außerdem wollte jeden Moment meine beste Freundin zu Besuch kommen. Na toll! Und was jetzt? Zum Glück bestand das ›Fast-nichts‹ aus ein paar alten Brötchen – womit ich Brötchen von gestern meine. Die sind da ja ähnlich wie Zeitungen: von gestern heißt alt, nur dass man Zeitungen eben nicht so gut aufbacken kann. Außerdem waren noch ein Schüsselchen Quark, eine ausgetriebene Zwiebel, ein paar kleine Käsestückchen, ein Marmeladenrest und sogar noch eine einsame Tomate zu finden. Na bitte, ist doch was.
Also schnell von jedem Brötchen eine Ecke abgeschnitten (eigentlich ja abgebissen) und dann mal sehen, womit man die Teilchen am besten füllen kann. Erst mal den Käse raspeln, die Tomate klein schneiden und der Zwiebel ein paar von ihren grünen Trieben klauen. Die Pfeffermühle und die Lieblingsgewürze auf den Tisch, und dann in kleinen Schüsseln verschiedene Füllungen aus dem Quark und ein paar anderen Zutaten anrühren.
So gab es zum Beispiel:
Sonnenblumen-Tomate-Käse-Brötchen mit Zwiebel-Schnittlauchröllchen, Schusterjunge mit Kümmel-Parmesan-Quark und natürlich Schripp à la Himbeer.
Ich musste nur mit dem Finger etwas Platz im Brötchenbauch schaffen und mit einem kleinen Löffel die Füllungen an ihren Bestimmungsort navigieren. Das ging ganz gut.
Die Brötchen wurden dann noch etwas nass gemacht und zu zweit in meiner großen Teflonpfanne auf kleiner Flamme und mit Deckel drauf zum Schmoren verdammt. Jedenfalls hatte ich das eigentlich vor. Aber mein Hunger war schon fast so groß wie die Küche und meine Freundin konnte jetzt auch jede Minute vor der Tür stehen. Also zack, den Deckel wieder runter und die Brötchen mit Hilfe einer Untertasse auf den heißen Pfannenboden gedrückt. Die Brötchen wurden so zwar etwas platt, aber eben auch warm von innen. Ein Klecks Butter in der Pfanne machte dann auch noch ein leckeres Geräusch und die Rundlinge im Nu schön knusprig.
Wunderbar
Das zweite Pärchen war gerade in der Pfanne, als es klingelte. Ich rannte schnell zur Tür und war schon wieder mitten im nächsten Pressvorgang, als mein Besuch in der Küche auftauchte.

»Was machst du denn da?«
Hmm, das klang irgendwie eher entsetzt als interessiert. Ich dachte:
»Na, Frühstück!«,
fragte aber, leicht beleidigt:
»Wonach sieht's denn aus?«
Meine Freundin grinste:
»Also, Brötchenquälen würde ich sagen.«
Wie bitte? Zum Glück hatte ich aber schon die erste Fuhre fertig, und zur Strafe musste sie sofort ein geschmortes Exemplar probieren – noch im Regenmantel.
»Wow – Lecker!«
Aha! … und dann war wieder alles gut.
Der Tisch wurde gedeckt, Kaffee gekocht und ich pressschmorte die letzten Brötchen. Sogar ein Apfel tauchte noch auf; den gab es dann in Scheiben dazu. Was für ein klasse Frühstück! Warm, knusprig und mit Überraschungseffekt – weil man ja von außen nicht so genau sehen konnte, was drin war.
Herrlich! Lecker Möglichkeiten. Darum geht es hier. Kochen ist nämlich wunderbar. Kochen kann jeder, der Lust hat und sich traut.

Kein Mensch braucht dafür das 20-teilige Messerset aus der Fernsehwerbung, auch wenn die Dinger schick sind. Genauso wenig wie den perfekt gefüllten Kühlschrank. Schön natürlich, wenn's so ist, aber sollte mal keine Zeit für die Stundenmeditation in der Einkaufsschlange sein, auch gut, oder umso besser. Für die Stippvisite beim Gemüsehöker an der Ecke wird ja wohl Zeit sein und wenn nicht, einfach mal sehen, was da ist, und los. Hindernisse sind schließlich nicht zum Stolpern da, sondern zum Draufklettern, und der erhobene Zeigefinger ist sowieso nur für eins gut: zum Ablecken nämlich.

Hier kommt ein Küchenzauberbuch für jeden Tag. Es gibt essbare Märchen, Tricks aus dem Küchenlabor und ›Top Tipps‹ zum Highspeed-Kochen. Dazu kommen ein paar Lieblingsrezepte mit links, jede Menge blendende Werke, mit denen man mühelos jeden hohen Besuch beglücken kann und natürlich der Ritterschlag der Resteküche.

Eben alles, was gut tut und vor allem so schmeckt und ganz und gar nichts für Messbecher-Fetischisten.

Von der geheimen Schatzkammer bis ins Brühwürfeluniversum. Guten Flug. Ja, und natürlich ...

GUTEN APPETIT.

DIE GEHEIME SCHATZKAMMER

Hunger, jedenfalls meiner, hat die wundersame Eigenschaft zu kommen und zu gehen, wie es ihm passt. Wirklich ärgerlich ist es, wenn er geht, während das Essen kommt. Im Restaurant zum Beispiel.
Mindestens genauso lästig ist es, wenn er plötzlich da ist – quasi ohne anzuklopfen. Vorzugsweise passiert das natürlich mitten in der Nacht und selbstredend, wenn die Mainzelmännchen wieder mal vergessen haben einzukaufen.
Hier kommt die geheime Schatzkammer ins Spiel. Herrlich, wenn sich in so einer Situation herausstellt, dass man in ein paar lichten Momenten der letzten Monate einige seltsame Unverderblichkeiten gehortet hat, die sich einem jetzt in der Not als wahre Perlen offenbaren. Mit ein bisschen Erfindungsgeist und Tatendrang lässt sich nämlich aus den scheinbar langweiligsten Grundstoffen und ein paar exquisiten Nahrungs-Mumien aus der geheimen Schatzkammer fast immer ein wunderbares Mahl zaubern.
Langweilige Grundstoffe, das sind zum Beispiel ausgetriebene Zwiebeln, vertrocknetes Brot, ungekochter Reis und was man eben noch so alles in fast jedem Haushalt finden kann.
Und genau diese scheinbaren Langweiler, plus ein paar Kleinigkeiten aus dem häuslichen Geheimfach, lassen einen auf der Stelle jede Einkaufs-Ebbe vergessen und an etwas viel Schöneres denken … lecker Essen nämlich.
Man sollte seine Nahrungsmittel am besten immer fragen:

»Was kann ich mit dir sonst noch machen?«

– Das hilft und macht Spaß.

Wie wäre es zum Beispiel mit

einem Blitz-Gemüsekuchen aus Blätterteig mit Quark, Oliven und Artischockenherzen?
Oder: Wald-und-Wiesen-Suppe aus Möhrensaft, Kartoffelpüree-Pulver und den klein gehackten Trieben einer vergessenen Zwiebel? Für den letzten Schliff braucht die Suppe dann nur noch eine Prise Muskat, etwas Gemüsebrühe, frisch gemahlenen Pfeffer und natürlich ein paar Krustenkrutongs aus Trockenbrot in Olivenöl geröstet. Wundervoll!! Na bitte, na also …

Lieblingsgewuerz
Brühwürfel
Pinienkerne

MOHN KAPERN INGWER SESAMÖL ZITRONE CURRYPASTE

VON A-NCHOVIS BIS Z-IMT

Am einfachsten und besten ist, man nimmt eine gute Angewohnheit an. Nämlich bei jedem Einkauf auch seiner Schatzkammer gleich etwas mitzubringen.
Das kann eigentlich alles sein, solange es nur möglichst klein, lecker und lange haltbar ist. Und so wie Goldtaler und Perlenketten in jede anständige Schatzinsel-Truhe gehören, dürfen eben auch bestimmte Leckereien und Essenzen in der eigenen Schatzkammer nicht fehlen. Zum Beispiel:

A-nchovis, auch Sardellen genannt. Die kleinen Röhrchen sind die Dynamitstangen unter den Geschmacks-Essenzen. Nudeln und Omelett sind ganz verliebt in die kleinen Salzfische.

B-rühwürfel, am besten aus fernen Ländern. Die eckigen Kleinode können Wunder wirken bei Ebbe in der Vorratskammer.

C-hutney, die süß-scharfe Königin aus Asien wird, gut gestreckt, zur Soße und, mit saurer Sahne verrührt, zum genialen Brotaufstrich.

D-osengemüse, ein bis zwei Notdosen Lieblingsgemüse sollten immer zu finden sein. Artischockenherzen zum Beispiel lassen sich nicht nur herrlich füllen und bebacken, sie verleihen sogar einem Eisbergsalat noch Flügel.

S C Z P C Y V G S W S C M K S

KOKOSMILCH HONIG SCHNAPS COUS-COUS APFELMUS OLIVEN

S-enf, gut soll er sein, und scharf! Am besten er hört auf den Namen ›Dijon‹. Als Traumpärchen mit Honig wird er zum Zauberbaustein für Soßen, Marinaden und Füllungen.

F-lachmann, die Zwergenflasche darf nicht fehlen! (Wie wär's mit Weinbrand oder Rum?) Süßspeisen und Soßen aller Art werden durch einen ordentlichen Schluck zu wahren Verführungskünstlern.

Und dann natürlich: **G**-rieß, **H**-onig, **I**-ngwer …

Ein anderes Alphabet könnte so aussehen:

A-pfelmus … (oder Kompott!), ob mit Zimt oder ohne – ein Fest, zum Pfannkuchen, aber auch großartig mit kaltem Reis und Joghurt. Und zusammen mit Blätterteig kann gleich ein ganzer Strudel daraus werden. Eben.

B-asmatireis, Ohhmmmmmmmm … Basmati ist die Ruhe selbst, und deshalb auch die beste Leib-und-Seelen-Stärkung bei Chaos-Gefahr in der Küche. Er verbreitet einen einzigartigen Duft, und das Beste ist, er schmeckt auch genauso: warm, weiß und klar. Das lässt einen selbst das verwirrteste Küchenregal vergessen.

C-ocosmilch, die süße Sonne unter den ›Cremig-Machern‹. Super für Soßen und Suppen. Und mit Wasser verdünnt die entzückendste Milchvertretung beim Kochen und Backen.

Oder … oder … Na klar!

Am besten man erfindet sich sein eigenes Lieblingsalphabet selber und da können dann natürlich auch Buchstaben fehlen oder doppelt sein. Dogma liegt sowieso schwer im Magen, und es wäre doch blöd, wenn keine **P**olenta im Haus wäre, nur weil letzte Woche getrocknete Stein**p**ilze mitgebracht wurden. Und wie sollte man dann erst mit dem **P**udding**p**ulver verfahren? Nein nein. Alles geht so gut es schmeckt. Und es ist auch gar nicht wichtig, viel im Haus zu haben, nur so viel eben, dass man sich im Notfall freuen und überraschen kann. Deshalb ist es gut, wenn die Sachen lange haltbar sind. Etwas völlig Vergessenes wiederzufinden, ist dann ein bisschen so wie ein Osterei im Herbst. Auch wenn das natürlich hinkt wie jeder gute Vergleich. Herbstgefundene Ostereier sind ja meistens mit ihrer Hülle verschmolzen oder irgendwie anders mutiert. Bei sachgemäßer Lagerung der Schätze allerdings funktioniert dieses Spiel ganz hervorragend. Und kaum etwas ist so beglückend wie eine gelungene Selbstüberraschung.

DAS EISFACH***

Das Eisfach ist eine gute Sache. Nicht unbedingt nötig, aber tatsächlich eine nützliche Erfindung.
Es bildet, soweit im eigenen Haushalt vorhanden, den Nordpol der Schatzkammer (am besten ist natürlich eins mit drei Sternen). Man kann ganz hervorragend verschiedenste Dinge darin vergessen, um sie wesentlich später ohne gravierende Metamorphosen in Farbe und Geschmack wieder zu entdecken. Die Konsistenz einiger Nahrungsmittel kann im Eisfach allerdings leiden. Auch die Sache mit den eingefrorenen Menschen hat ja genau hier ihren Knackpunkt. Einfrieren – kein Problem, aber nach dem Auftauen lässt die allgemeine Oberflächenspannung eben doch stark zu wünschen übrig. Im Falle von eingefrorenen Weihnachtsmännern schlägt dieses Problem zum Glück nicht zu Buche. Ebenso wenig bei Soßenresten, diversen Gemüsen, allen möglichen Mehl- oder Milchspeisen. Kräuter, z.B. Koriander und Dill, büßen zwar ihr attraktives Äußeres ein, bleiben aber geschmacklich die absoluten Eisfach-Renner.
Wichtig ist, die Nahrungsmittel gut zu verpacken – *Gefrierbrand* ist der Horror jedes Frostfreundes – und natürlich den Leckereien genügend Platz zu lassen. Kälte dehnt aus!
Und wer schon mal das Eisfach voll geplatzter Bolognese hatte, weiß, dass das kein Spaß ist.

Meine Empfehlung fürs Eisfach

Etwas Grünes für den Notfall: Dill, Prinzess-Bohnen, Spinat oder Ähnliches.

Fischstäbchen können Leben retten!

Blätterteig ist das Lieblingsbett jeglicher Mini-Reste.Und das ist längst nicht alles! Dazu also später mehr.

Ein paar klein gemachte **O-hasen** und **W-männer** vom letzten Fest. Ihre wohlverdiente Ruhe können sie in verschiedensten Kuchen, Puddings und süßen Salaten finden.

FROHES FRIEREN

DAS KLEINE EI-MAL-EINS

Oder: Wer sein Frühstücksei teilt, ist selber schuld

Eine Patt-Situation:
Es ist ein schöner Morgen, wahrscheinlich ein Sonntagmorgen, und da liegt also jemand in deinem Bett und schlummert tief und fest. Zum Glück ist das noch nicht die Patt-Situation, sondern im Gegenteil eine große Freude. So groß, dass man selber schon lange wach ist und vor sich hin singend in der Küche auf und ab läuft, um ein angemessen großartiges Frühstück vorzubereiten. Und, Zufall oder Schicksal? Jedenfalls scheint alles da zu sein, was das Herz an einem solchen Morgen begehrt und verdient hat.

Und dann das:
Es ist ein Ei da. Ja genau, *ein* Ei. Au Backe. Natürlich wären Frühstückseier jetzt genau die Krone, nach der man noch gesucht hat. Aber ein Single-Ei? Wie soll das gehen? Jetzt bloß keinen Fehler machen! Wer sein Frühstücksei teilt, ist selber schuld. Wirklich. Ich weiß, wovon ich da spreche. Ein gutes Frühstücksei ist weich. Es lässt sich nicht teilen. Versucht man es dennoch, ergibt das eine Sauerei, oder noch schlimmer: Futter- bzw. Eigelbneid. Abwechselnd im Ei rumzulöffeln bringt einfach nichts außer Ärger. Genauso unsinnig ist es, das ›Eine-Ei‹ zu kochen und es dann großmütig dem verehrten Gast anzubieten:

»Ach, das hab ich doch für dich gekocht. Ich hab gar keine Lust auf ein Ei. Nimm du das doch bitte!«
»Aber nein!«, wird dein Gegenüber sagen. »Nimm du es. Das ist so ein schönes Frühstück ... ich brauch gar kein Ei.«

Woraufhin du beteuern wirst, wie sehr es dich freuen würde, wenn er (oder sie) das Ei aufessen würde.

»Bitte, nimm du es!«

Und so weiter ... Himmel! Was für eine Energieverschwendung.
Und zu guter Letzt hat dann doch wieder jemand den unvermeidlichen Geistesblitz.

»Weißt du was? Lass uns das Ei doch einfach teilen!«

Na, super. Da wären wir wieder.
Nein danke. Alles lässt sich teilen, aber nicht das. Es sei denn, man ist *so* verliebt, dass einem die Nahrungsaufnahme als solche schon abstrakt vorkommt. Wenn das Frühstück also als rein symbolische Handlung gedacht ist, kein Problem. Man kann das Ei dann auch einfach auf dem Tisch stehen lassen. Vollkommen und unversehrt.Was für ein Symbol! Sollten die Endorphine allerdings nicht gerade vollends das Ruder übernommen haben, tja, dann auf Wiedersehen, Eierbecher ... Es ist wirklich besser so.

Aber es gibt Hoffnung.
Zum Glück ist das profane Weichkochen nicht die einzige Möglichkeit, mit einem allein stehenden Ei umzugehen. Außerdem kommen Ei-Singles ja bei weitem nicht nur morgens vor. Auch daran will gedacht sein. Es kann jeden treffen. Jederzeit. Hier also ein paar einfache Varianten, einsame Eier in wahre Glücksbringer zu verwandeln. Von morgens bis nachts. All-Ei-n oder zu zweit.

FÜR'N APPEL UND'N EI

Apfelringe! Sehr gut fürs Frühstück. Auch wenn die Sonne schon untergeht. Apfelringe sind leicht zu machen, riechen so wunderbar, wie sie schmecken, und zwei ordentliche Portionen springen auch beim ›Ein-Ei‹ in jedem Fall dabei raus.

Es braucht
1 Ei, 1–2 Äpfel, 1 Tasse Mehl, 1/2 Tasse Milch, einen großzügigen Löffel Zucker, eine Prise Salz, Öl für die Pfanne und kräftig Zimt für den siebten Himmel.

Aus den Zutaten (außer dem Apfel) in einer Schüssel einen glatten, schönen Teig rühren.
Den Apfel in dünne Scheiben schneiden, und dann das Gehäuse mit einem kleinen Messer aus der Scheibenmitte entfernen.
Nun etwas Öl in der Pfanne erhitzen. Die Ringe trocken tupfen, durch den Teig ziehen, und dann mit einem extra Löffel Teig ›on top‹ in der Pfanne ausbacken.
Sie lassen sich leichter wenden als ihre großen, flachen, apfellosen Brüder und brauchen nur ein paar Minuten, um rundherum goldbraun und knusprig zu werden.

TOP TIPP
Die Apfel-Goldtaler auf dem Teller noch mit Puderzucker bestäuben, und es wird schmecken, wie Beatles klingen … nur süßer. Here comes the sun. Yeah, yeah, yeah!

EI-STANGEN

Für nachts allein zu Hause oder für zwischendurch. Eigentlich für immer, wenn es schnell was Warmes, Kleines, Salziges geben soll und ein Basis-Erste-Hilfe-Rezept bei Ebbe im Küchenschrank.

Es braucht
1 Ei, 1 Hand voll Salzstangen, etwas Milch oder saure Sahne, Pfeffer und etwas geraspelten Käse, z.B. Parmesan. Ein Stückchen Butter für die Pfanne und Schnittlauchröllchen nach Belieben.

Ein paar Salzkrumen von den Stangen rubbeln und mit dem Ei, der Milch und dem Käse verrühren.
Etwas Butter in der Pfanne erhitzen, die Salzstangen hineinwerfen, liebe-voll mit dem Eierteig zudecken, und das Ganze in der Pfanne von beiden Seiten goldig braten. Jetzt noch ein paar Umdrehungen aus der Mühle und fertig.

TOP TIPP
Das Mikado-Omelett auf Tomatenscheiben absetzen oder mit Ketchup besudeln und am besten mit einem Fernsehkrimi genießen.

HART GESOTTEN

Scharfe Halb-Eier. Chic für davor, dazu oder solo mit Brot.

Es braucht
1 hartes Ei, Tomatenmark, Senf, Chilisoße, ein wenig zerkleinerte Frühlingszwiebeln oder Schnittlauch, Kapern nach Geschmack. Einen ordentlichen Spritzer Zitrone oder Essig, Salz & Pfeffer.

Nichts einfacher als das …
Das harte Ei halbieren, vorsichtig das Eigelb ausheben und in ein Schüsselchen verfrachten. Da wird es dann mit den restlichen Zutaten gründlich vermischt und scharf gewürzt.
Die Paste muss dann nur noch in die Eihälften zurückgelöffelt werden und fertig ist die Laube. Die halben Eier machen sich gut auf Untertassen, wo man sie noch mal mit frischem Schnittlauch bestreuen und mit warmem Buttertoast umranden kann.

Die Ei-Schiffchen lieben alles, was scharf, sauer und salzig ist. Was auch immer der Kühlschrank und die geheime Schatzkammer in dieser Richtung zu bieten haben, ist also herzlich willkommen: zerkleinerte Oliven, Knoblauch, Sardellenstückchen. Immer her damit. Aber liebevoll abschmecken. Man kann die hart gesottenen Ei-Hälften auch einfach mit etwas heißer Butter übergießen, in der eine Hand voll Petersilie mit etwas Salz angeschmurgelt wurde. Toast dazu. *Yes*

ZUR NOT AUFS BROT

Im Grunde das gleiche Prinzip wie bei den Halb-Eiern, nur dass diesmal das ganze harte Ei grob zerhackt wird und sich mit den übrigen ›Dazutaten‹ in einen sehr herzhaften Brotaufstrich verwandelt.
Das Ganze sieht nicht so fein aus wie die Ei-Schiffchen, ist aber gut für den ausgeprägteren Hunger – weil es sich hervorragend auf Übergröße strecken lässt. Schinkenwürfelchen und Käseraspel können hier mitspielen, genauso wie Thunfisch oder saure Gurken. Es soll laut schmecken!! So viel steht fest. Dann verweist diese herrlich deftige Ei-Speise auch einen hartnäckigen Kater in seine Schranken.

EI-GIESSEN

Orakel statt Debakel. Die Tarotkarten sind verschwunden und auch der Kaffeesatz wurde versehentlich entsorgt? Kein Problem, wenn zufällig gerade eine klare Suppe auf dem Herd steht. Das einsame Ei braucht nur in die sprudelnde Flüssigkeit geschlagen zu werden, und schon steht der Zukunftsdeutung nichts mehr im Weg. Irgendwo liegt bestimmt noch das Heftchen vom letzten Bleigießen rum. Anders als das gegossene Blei lässt sich das Ei allerdings schlecht zur genauen Beobachtung in die Hand nehmen. Macht nichts.
Den Ei-Mutanten einfach nach zwei bis drei Kochminuten mit der Schöpfkelle in den tiefen Teller füllen, mit Suppe aufgießen und genau betrachten. Wie sieht's denn aus? – Wie ein Alien? Gut. Dann also im Heftchen unter A nachschlagen. Aha! Da steht was von unvorhergesehenen Ereignissen und Abenteuern in der nahen Zukunft. Na bitte. Vorher aber noch was Warmes für den Bauch.

Die Ei-Suppe freut sich übrigens sehr über geriebenen Parmesan und frische Kräuter (z.B. Kresse oder Schnittlauch).

DIE KUNST DER STUNDE

Sehen wir den Tatsachen ins Auge. Kunst macht meistens Dreck oder Krach. Sie braucht Zeit, kostet Mühe und steht, wenn es sich bei ihr um ein Gemälde handelt, am Ende noch im Weg rum. Im Grunde ist sie ein anspruchsvolles, empfindliches und manchmal sogar rechthaberisches Biest – aber so wundervoll! Was soll man machen? Sie will und muss raus! Aber wie? Gedichte stauben ein, Basteln klebt an den Fingern – und improvisierte Hausmusik? Wenn wir ehrlich sind, nervt freie Musik das lebende Umfeld doch meistens genau in dem Maße, wie die Spielfreude beim Musizierenden zunimmt.
Man sollte von dieser Ausdrucksform also besser von vornherein absehen. Es sei denn, man ist allein auf weitem Flur oder hat einen schwerhörigen Zenbuddhisten als Mitbewohner.

Und Kochen? Kochen ist eine gute Idee! Jede Art von kreativem Ausdruckswunsch sollte hier freies Geleit finden. Kochen ist wunderbar spannend und entspannend für den Körper und ein 1A Stress-Katalysator für Herz und Seele; es dauert genauso lange, wie man möchte, und das Beste daran ist, am Ende ist alles wieder weg. Besonders gut ist es deshalb, gleich für eine zweite Person mitzukochen. Das Dekorieren macht dann doppelt Spaß und – wer kocht, braucht nicht abzuwaschen.

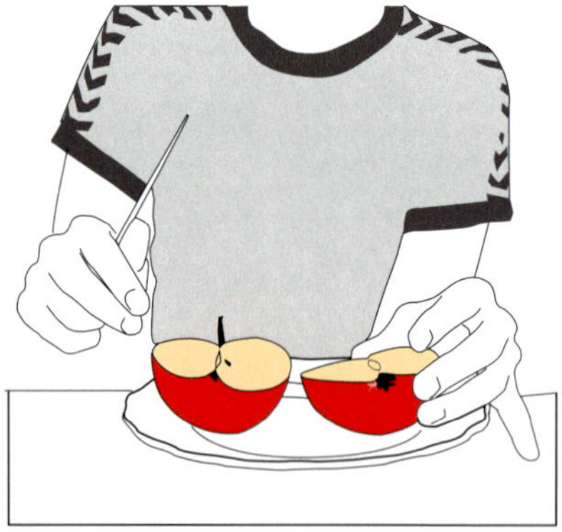

DIE EINFACHSTEN DINGE

Ist das nicht seltsam?
Die einfachsten Dinge vergisst man als Erstes, auch wenn sie noch so schön sind. Dafür sind es dann immer ausgerechnet die kompliziertesten Vorkommnisse, z.B. missglückte Kochversuche und dramatische Lieben, an die man sich am längsten erinnert. Das soll einer verstehen.
Es gibt aber auch ein paar leichte Kleinigkeiten, oder eben kleine Leichtigkeiten, auf die man nur kurz mal wieder mit der Nase gestoßen werden muss, und schon fällt einem ein:
Ach ja! Dich gibt's ja auch noch.
Dankeschön, dankeschön!
So ging es mir zum Beispiel, als ich letztens einen warmen Toast mit Honig serviert bekam.
Was für eine wunderbar knusprige Überraschung und das Ganze auch noch auf einem Tablett mit einer Tasse Kaffee. *Ein Fest*

HONIGTOAST

… einfach klasse. Wie konnte ich dich je vergessen? Mehr davon. Ein Hoch auf die einfachsten Dinge!

SELBST GEBRAUTER KAKAO

Man braucht bloß etwas echtes Kakaopulver mit wenig Wasser und Zucker zu verrühren und die Mischung dann mit Milch einmal aufzukochen …
So schreibt man trinkbare Gedichte.
Übrigens, das Ganze liegt leichter im Magen und glüht einen genauso schön durch, wenn man die Milch zur Hälfte durch Wasser ersetzt.

TOP TIPP

Dunkle Schokolade statt Kakaopulver macht sich auch gut. Die Schokolade schön kleinbröseln und aufpassen, dass sie im Topf nicht ansetzt.
– Ordentlich rühren also.
Jetzt noch ein Schluck Rum in den Becher und längst vergessene Träume werden wahr.

VANILLEPUDDING

Welch ein Genuss, wenn er einem alle hundert Jahre mal wieder einfällt. Man braucht bloß das gute Pulver genau nach den Worten hinten auf dem Tütchen zuzubereiten und wird im Handumdrehen aufs Leckerste belohnt. Und nicht vergessen, den Topf am Schluss mit dem Finger auszunaschen – Das ist das Beste!

TOP TIPP

Wenn der Pudding noch heiß ist, Kirschen oder Himbeeren aus dem Glas dazu! – Wenn der Pudding schön kalt aus dem Kühlschrank kommt, die Früchte mit dem Saft auch gerne im Topf heiß machen. Bingo!

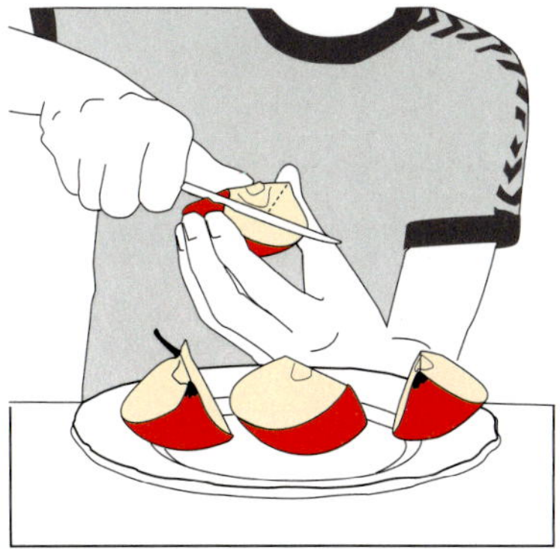

BLUMEN IN DER KÜCHE

... weil das einfach eine Freude ist.

SPIEGELEI AUF BROT

Ein Klassiker unter den Küchen-Notnägeln. Und zwar einer der leckersten ... Das Brot darf natürlich geröstet sein.

TOP TIPP

Das Ei mit etwas Zwiebel anbraten. Und wenn auch noch eine Tomate zum ›In-Scheiben-Schneiden‹ da ist, her damit! Und frisch gemahlener Pfeffer. Genau!

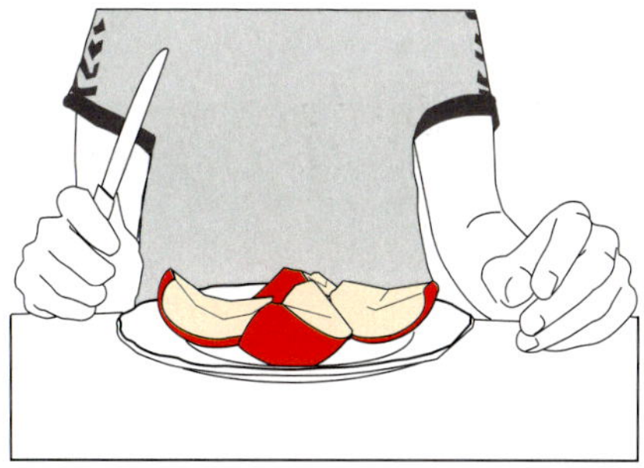

PFEFFER AUS DER MÜHLE

Es ist ja nur eine Handumdrehung mehr. Aber zu seinem zerpulverten und abgepackten Bruder ist er eben überhaupt gar kein Vergleich!
Man denke nur an einen Teller Mozzarella mit Tomaten und Basilikum. Da hat dann doch spätestens der graue Pfeffer-Staub nichts mehr zu suchen. Aber die Körner frisch aus der Mühle gemahlen? – Das sind einfach klasse Krümel! Und es riecht so gut ... Ja, klasse Krümel, oder eben *Krümelklasse*.

KRÜMELKLASSE

Krümel können das Leben verbessern, in null Komma nichts. Und mit Krümeln meine ich ja nicht bloß den lecker Pfeffer aus der Mühle. Mit Krümeln ist eigentlich alles gemeint, was klein und eben krümelig ist, also genau das, was einen morgens im Bett zur Weißglut treiben kann, was aber im Mund, zusammen mit etwas anderem Leckeren, zu wahrer Verzückung führt. Angefangen mit den klassischen Brotkrümeln. Wer jemals Körnerbrot im Haus hatte, kennt diese kleine Hand voll Brösel und Samen unten in der Brottüte. Ab in die Pfanne damit. Gerne auch mit etwas Salz oder Zucker. Und schon verzaubern sie jeden einfachen weißen Joghurt in ein Gedicht. Außerdem lassen sie sich hervorragend in alles Mögliche einbacken. Pfannkuchen zum Beispiel. Das Gleiche gilt natürlich auch für Keks- und Kuchenkrümel.

Hat die gemeine Brotkrume übrigens ein Mindestmaß von ca. 1 cm^3 überschritten, wird sie automatisch zum ›Krutong‹. Auch Krutongs lieben die kurze Pfannenröstung. So werden sie zum echten Glücksbringer für Suppen und Salate. Oder Mohn – auch so ein unscheinbarer Genusssteigerer. Man braucht nur mal eine Banane auf einem Teller zu zerschneiden und mit etwas Mohn zu bestreuen und wird genau wissen, wovon ich rede. Diese Mischung aus weich, süß und Knacks im Mund ist einfach sagenhaft. Und mitgekocht im Reis oder Pudding geht Mohn noch mal ganz woanders lang. Beim Mitkochen oder Backen ist es übrigens eine gute Idee, ihn vorher ein bisschen im Mörser zu zerreiben. Er setzt dann noch schneller und doller seinen speziellen Geschmack frei. Und dann Sesam! Die kleinen Dinger gehören ja ohnehin ins Küchenregal. Angeröstet verhelfen sie, leicht gesüßt oder gesalzen, der einfachsten Suppe und dem simpelsten Salat zum Sprung in die Delikatessen-Ecke. Aber auch allem möglichen Gemüse … Brokkoli zum Beispiel … Einfach klasse!
Und in Soßen? Die meisten Soßen drehen mit zerriebenem Sesam, sanft aber bestimmt, geradezu eine extra Pirouette. Wirklich zu empfehlen. Was immer das Herz begehrt.

…er Nie Sein Brot
im Bette As
Weiß Nicht wie Krüm…
Pieken

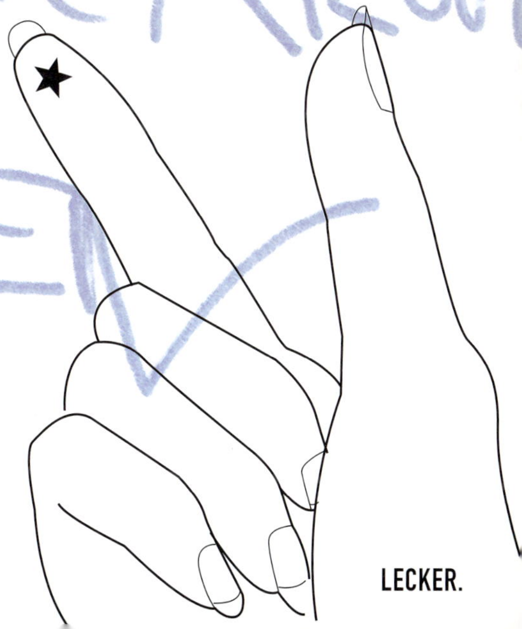

LECKER.

SUPPEN

Suppen sind was Wunderbares. Sie trösten und wärmen, sind leicht zu machen und liegen überhaupt nicht schwer im Magen. Viele von ihnen sind schon mit den Vorräten aus der geheimen Schatzkammer zufrieden. Außerdem sind Suppen ein goldenes Auffangbecken für fast alles Essbare, was vom Abend übrig blieb, und wer frisches Gemüse zu Hause hat, kann dieses im Suppentopf zu allerschönsten Höhenflügen verleiten. Himmlisch!
Außerdem sind sie das perfekte ›Midnight delight‹! Man kennt das ja. – Kaum ist man zu Hause, es ist mitten in der Nacht, da macht auch schon der Magen deutlichst auf sich aufmerksam. Er benimmt sich ungefähr so wie ein Hund, dem man den Knochen wegnehmen will. Gut, dass er nur knurrt und nicht auch noch anfängt zu kläffen. Abhilfe muss her, und zwar schnell. Heiß und leicht, bitteschön. Hinterher soll es einem ja nicht so ergehen wie dem Wolf vom Rotkäppchen. Wackersteine, Würste und Lasagne vorm ›Zu-Bett-Gehen‹ legen sich nun mal schwer auf die Träume. Also her mit dem Suppenvergnügen! Und natürlich gilt das nicht nur für mitten in der Nacht. Suppen sind ohnehin eine gute Idee. Mittags zum Beispiel, und immer zwischendurch, wenn man allein ist und einfach schnell was Warmes braucht. Und wer Besuch erwartet, ist mit einer guten Suppe sowieso fein raus. Was für ein herrliches Hauptgastmahl, mit frischem Brot und rotem Wein. Suppen sind aber auch das perfekte ›Vorneweg‹, wenn die Ente noch in der Röhre schmort und schon eine gewisse Unruhe der Gäste um den Tisch schleicht. Die Willkommenssuppe ist eine ideale Landebahn. Nicht mal Überraschungsgäste sind da ein Problem (solange es sich nicht um ein zehnköpfiges Rollkommando handelt). Suppen lassen sich nämlich schnell und gerne strecken.

Ich glaube ja, Jesus hat damals kein Brot in 5.000 Stückchen gebrochen, sondern Suppe gekocht. Da muss einfach was bei der Überlieferung schiefgegangen sein. Stille Post und so, man kennt das ja. Aber der eine oder andere Priester hat sich sicherlich schon über diese Verwechslung gefreut. Das Backoblaten-Abendmahl ist schließlich so schön klein und handlich, und man muss es auch nicht erst kochen. Gut. Ich wohne aber nicht in der Kirche. Und meine Freunde ziehen ganz sicher eine lecker Suppe ein paar trockenen Backoblaten vor. Selbst wenn ich anbieten würde, ihnen das Esspapier einzeln auf die Zunge zu legen. Und beides, Suppe und Oblaten? Wer weiß, vielleicht kann man die Dinger mit Knoblauch anrösten und zu Krutongs umfunktionieren … Gegen ordentlich Rotwein zum Essen spricht jedenfalls ganz und gar nichts, auch wenn ich dabei nicht an Blut denke. Jesus kann natürlich trotzdem gern vorbeikommen.
Und wenn die Gäste wieder weg sind und immer noch was im Topf ist? Umso besser. Suppen mögen es, aufgewärmt zu werden. Sehr sogar. Und weil das Auge auch wieder mit am Tisch sitzt, ist die Farbe der Suppe mindestens genauso wichtig wie die des Lieblings-T-Shirts.
Farben bringen Glück und wollen sorgsam gewählt sein.
Der Gaumen entscheidet, das Auge isst mit, das Spiel heißt *Suppenfächer*.

GRUNDREZEPT FÜR DIE EINFACHE, ERSTKLASSIGE GEMÜSECREMESUPPE

So viele Sorten gibt es. Dabei ist das Grundrezept immer ähnlich. Man kocht einfach das vorgeschnittene Gemüse in der jeweiligen Lieblingsbrühe oder auch in etwas Wasser, mit den passenden Gewürzen und püriert dann alles mit dem Zauberstab im Topf. (Wenn die Suppe nicht ganz so gleichmäßig werden muss, geht das natürlich auch mit einer Gabel.) Schön cremig bekommt man die Suppe, indem man eine geriebene Kartoffel bzw. ein paar Löffel Kartoffelpüreeflocken mitkocht, oder einen angerührten Löffel Mehl. Zum Schluss noch einen extra Schlag Crème fraîche und der Bogen ist perfekt. Ein schöner Trick ist auch, kurz bevor die Suppe fertig ist, noch etwas frisches, sehr fein geschnittenes Gemüse unterzurühren. Der kleine Knackig-Faktor wirkt wahre Wunder. Und Achtung! Frische Kräuter kommen erst ganz am Schluss in den Topf. Sie lassen sonst den Kopf hängen. Deutliche Entscheidungen bei den Zutaten tun der Suppensache übrigens sehr wohl. Lieber nur ein oder zwei Sorten Gemüse verwenden, die man dann auch ordentlich rausschmeckt, als ein großes Sammelsurium.

Das Gleiche gilt für die Gewürze. Sonst schmeckt es am Ende so, wie es sich anhört, wenn viele Leute durcheinander reden. Und bloß kein Blabla! Erst recht nicht in der Suppenschüssel.

Abwandlungen und Extra-Extras sind natürlich trotzdem herzlich willkommen.
Genau wie die Überraschungsgäste!

Bei klaren Suppen liegt der Fall noch ein wenig anders.
Hier brät man die gewünschten Einlagen (verschiedene Gemüse, Shrimps, Knoblauch, Speck ...) kurz in wenig Öl mit etwas Salz und einem Spritzer Zitrone scharf an, so dass sich ihr Eigengeschmack schnell im Inneren versteckt und löscht sie dann mit der Wunsch-Brühe ab. Das Ganze braucht dann nur noch etwas weiter zu köcheln, gut abgeschmeckt und schön verziert zu werden. Zum Beispiel mit einem Blumenhut ...

BLUMENHUT UND GARTENKRONE

Vielen Suppen steht ein Hut aus fein geschnittenem Gemüse ausgesprochen gut. Ein Sparschäler ist das ideale Werkzeug, um Möhre, Roter Beete, Kohlrabi oder auch Apfel zarteste Streifen zu entwenden, die dann, zum Nest gelegt, der Suppenschüssel aufgesetzt werden. Auch hauchdünn gescheibte Tomate, Frühlingszwiebel-Röllchen und natürlich Sprossensprenkel passen großartig. Ein integrierter Mikro-Salat quasi, der sich auch mit der ›Krümelklasse‹ optisch hervorragend verträgt.

Wie wär´s zum Beispiel mit:
Blumenkohlsuppe mit kleinem Möhren-Apfel-Hut und gerösteten Mandelblättchen?
Oder Minestrone, gekrönt mit Rucola, Champignonstreifchen und Parmesan-Splittern.

Für die Krönung ist fast alles möglich, solange es frisch und hübsch daherkommt und fein dosiert ist. Krone und Hut sollen schließlich die Suppe erheben, nicht zudecken. Und nicht vergessen: Suppen sind schön und stolz! Der Hut muss also auch farblich passen. Wir wollen sie doch nicht beleidigen.

Guten Morgen / Gute Nacht

Tomatarabiata

Ernte-Dankeschön

Sonnensuppe

SUPPENFÄCHER

SONNENSUPPE

Kühle Maiscremesuppe

1 Dose Mais, eine Hand voll Schafskäse, 1/2 Becher Buttermilch, etwas Wasser, Knoblauch, Salz und Chilipulver liebevoll im Topf vermengen und dann mit Inbrunst pürieren. Mit frischem Dill verzieren und:
Unbedingt auf dem Balkon essen!

TOP TIPP Ganz wundervoll passt dazu frisches Baguette und ein Tomatensalat

GUTEN MORGEN/GUTE NACHT

Heiße Milchsuppe mit geröstetem Rosinenbrot

1/2 Liter Milch aufkochen, 2 Esslöffel Grieß und 1-2 Esslöffel Zucker oder Honig und eine Prise Salz einrühren. Kurz aufblubbern und dann auf kleiner Flamme ziehen lassen. Umrühren nicht vergessen! Zwei Scheiben Rosinenbrot schön zerschneiden und in der Pfanne anrösten. Die Milchsuppe in tiefe Teller füllen, Rosinen-Röstis drüber und fertig.

TOP TIPP Zimt passt gut und auch ein bisschen klein geschnittenes Obst. Banane und Feige zum Beispiel. Und das Brot kann natürlich auch einfach getoastet und dann geschnitten werden. Diese Suppe ist morgens ein wahrer Sonnenmagnet. Und nachts macht sie schöne Träume. Versprochen.

ERNTE DANKESCHÖN

Kürbiscremesuppe

Ein großes Stück Kürbis oder einen ganzen kleinen zerschneiden und das weiche Wirrwar samt Kernen entfernen. Bei den großen Kürbissen muss auch die Haut ab. Die Stückchen in etwas Gemüsebrühe (ca. 4 Tassen) schön weich kochen und dann im Topf pürieren. Jetzt nur noch einen Gnubbel Ingwer einraspeln. Für die winterfeste Variante 1-2 Kartoffeln mitspielen lassen. Das macht die Suppe noch wärmender. Hierbei braucht kein Ingwer mitspielen, aber dafür kann geriebener Parmesan triumphieren. Gut nachwürzen mit Pfeffer und Muskat. Ein großer Schluck Sahne macht alles schön cremig.

TOP TIPP Ein Spritzer Balsamico-Essig oder Kürbiskernöl auf den dampfenden Suppentellern bringen ordentlich Leben in die Bude. Zur Wind-und-Wetter-Variante passt auch gerösteter Frühstücksspeck sehr gut.
KRÜMELTIPP: mit Salz angeröstete Sonnenblumen- oder Kürbiskerne!
UND: Ein kleines Nest aus frischen Rote-Beete-Streifchen steht der Suppe ganz hervorragend.

TOMATARABIATA

Scharfe Tomatensuppe

Viel Knoblauch und wenig Zwiebel im Topf mit gutem Olivenöl andünsten. 1 große Dose geschälte Tomaten dazu und dann alles mit einem Löffel so zerdrücken, wie man es gern hat. Nach Belieben 1-2 Esslöffel Kapern einrühren, dazu ordentlich Chilisoße, Oregano, Salz und eine Prise Zucker. Tomaten mögen es, ordentlich durchgekocht zu werden.

TOP TIPP Richtig *rabiata* wird es, wenn 2-3 zerkleinerte Anchovis mitgekocht werden! Aber Achtung, die Fischchen sind sehr salzig! Ein Schluck Wodka im Topf adelt die rote Zora, ein Löffel Crème fraîche schmeichelt Farbe und Geschmack und frisches Basilikum ist ihr Lieblingshut.
KRÜMELTIPP: knusprige Knoblauch-Krutongs

Heiß mit Hut

Kühler Engelskuss

Pink Panther

Lila Liebe

HEIß MIT HUT

Überbackene Zwiebelsuppe

Achtung: Hier kommt was in die Röhre! Wer also einen E-Ofen hat, kann ihn jetzt schon mal vorheizen. Ca. 5 kleine Zwiebeln fein scheibeln und im Topf anbraten. Wenn Goldbräune erreicht ist, mit etwas Zucker bestreuen und unter Rühren karamelisieren lassen. Nun alles schön mit Mehl bestäuben, mit Weißwein ablöschen und dann mit ca. 1 Liter Wasser auffüllen. Ein Tütchen Zwiebelsuppe (ja, tatsächlich) einstreuen, mutig nachwürzen und kochen lassen. 4-6 feuerfeste Schüsseln in Stellung bringen und ebenso viele Scheiben Toastbrot toasten. Die Suppe in die Schüsseln füllen, mit dem Toast besetzen und alles großzügig mit Käse beraspeln. Extra heiß im Ofen überbrutzeln, bis der Käse dunkelbräunt.

TOP TIPP Topflappen … Und beim Genießen gut auf die Zunge aufpassen. Blasen soll schließlich nur der Käse werfen. Das Kaminflair der Suppe wird noch verstärkt, wenn ein paar Speckwürfel mit den Zwiebeln angeschmort wurden. Den restlichen Weißwein dazu trinken!

PINK PANTHER

Rote-Beete-Kokos-Suppe

Als Erstes gilt es, 4 mittlere Rote Beeten mit dem Sparschäler zu skalpieren und sie durch Kleinschneiden vollends zu massakrieren. Nun werden sie mit ca. 3 Tassen Gemüsebrühe und einer Knoblauchzehe weich gekocht, um dann auch noch brutal püriert zu werden. Ein wenig geriebener Ingwer und ein kleines Löffelchen Kumin versöhnen das geschlachtete Gemüse. Jetzt kommt nur noch 1 kleine Dose Kokosmilch zur Besänftigung dazu und … Wow! Ein echtes Geschmacks- und Farbwunder. Mit Salz und Chili abschmecken und eine gute Viertelstunde köcheln lassen. Bingo!

TOP TIPP Frisches Basilikum oder ein paar Minzblättchen als Mini-Blumenhut geben zu guter Letzt den ultimativen Farb-Flash.

KRÜMELTIPP: Keine Krümel diesmal. Einfaches warmes Weißbrot passt hier am besten.

KÜHLER ENGELSKUSS

Avocado-Kaltschale

So weich und zart – so schmecken Engelsküsse. Ganz bestimmt. 2 reife Avocados in einer schönen Schüssel mit der Gabel zerdrücken und mit einem Becher Buttermilch pürieren. Jetzt den lindgrünen Traum zart bepfeffern, eine Prise Salz und ein Spritzer Zitrone dazu und ab auf Wolke sieben.

TOP TIPP Frischer Koriander gibt der Suppe eine erstaunliche Wendung. Und ja, die Schüssel kann natürlich gerne mit einer Knoblauchzehe ausgerieben werden. Ein elegantes Hütchen aus hauchdünnen Zitronenscheiben setzt dem Kuss die Krone auf.

LILA LIEBE

Heiße Heidelbeersuppe

1 großes Glas Heidelbeeren im Topf pürieren und kurz aufkochen. Inzwischen 1 Tütchen Vanillesoßenpulver und 1 EL Zucker in einer Tasse Saft oder Wasser anrühren (1 TL Mehl geht auch. Dann am besten Vanillezucker benutzen). Die Heidelbeeren von der Flamme nehmen und das süße Stärkemus einrühren. Alles noch mal aufkochen lassen und immer schön weiterrühren. Mit Zitronensaft, Zucker und etwas Zimt abschmecken. Und vielleicht noch einen Schuss Rum dazu. Hmmmmmm …

TOP TIPP Ganz wunderbar machen sich Grießklößchen in dieser Suppe. Einfach die weißen Nocken in die dampfenden Suppenteller gleiten lassen, und die Sonne geht auf. Sogar mitten in der Nacht.

GRIESSKLÖSSCHEN

Sie sind die Wölkchen am klaren Suppenhimmel.
Herrlich in starken Brühen aller Art. Und in süßen Suppen umso besser, z.B. in der Heidelbeersuppe.

KLÖSSCHENS FREUNDE

Alles, was die Suppe glücklich macht

Gerade klare Suppen freuen sich oft über bissfesten Besuch. Er macht sie zur Hauptmahlzeit und erhebt selbst die einfache Brühe zum Leibgericht. Manche Einlagen brauchen zwar zweieinhalb Handgriffe und Minuten mehr – aber es lohnt sich. Ganz bestimmt.

Es braucht:
2 Tassen Milch (oder Wasser), 1 Tasse Grieß, 1 Butterflocke, 1 Ei, Salz oder Zucker nach Geschmack.

Man kocht die Milch mit etwas Salz oder Zucker auf, streut dann den Grieß ein und rührt und rührt noch mal, bis alles schön zäh ist.
Die Butterflocke folgt in den Topf und dann runter von der Flamme mit dem Brei und gerne noch ein Ei dazu gerührt. Jetzt mit zwei nassen Teelöffeln Klößchen ausstechen und in der Suppe 5-10 Minuten ziehen lassen. Für die Heidelbeersuppe lässt man die Wölkchen in einem extra Topf in siedendem Wasser ziehen. Sie beglücken die Frucht-Suppe erst auf dem Tisch. Da vergisst selbst der größte Suppenkasper seine Zweifel.

KNUSPERKRUTONGS

Besonders die cremigen Suppen haben den klassischen Krutong am liebsten. Krutongs entstehen, wenn man Brot in kleine Würfel schneidet und diese in der Pfanne schön knusprig röstet. Salate mögen ihre Gegenwart bekanntermaßen sehr, aber eben auch Suppen. Damit sich die kleinen Brocken nicht allzu schnell vom heißen Nass erweichen lassen, brät man sie am besten in Butter oder Olivenöl an. Das mumifiziert sie quasi und ist auch geschmacklich sehr zu empfehlen.

TOP TIPP Etwas Knoblauch, Salz, Thymian oder Oregano mit in die Pfanne und schon werden aus Knusperkrutongs ganz vorzügliche Kräuterkrutongs.

EI-STICH

Der Hafer kann die Suppe ja nicht stechen, ein Ei aber sehr wohl.
Und wie. Man schlägt es zu diesem Zweck direkt in die kochende Brühe und verquirlt es sofort mit dem Schneebesen, bis tausend kleine Schlieren entstehen.
Hühnerbrühe freut sich natürlich am meisten über diesen Besuch.
Alte Bekannte und so …
Wenn zufällig noch Schnittlauch da ist, die Suppe damit großzügig verzieren und sie dann mit warmem Toast auftischen. Dieses Süppchen ist nicht nur sagenhaft einfach gemacht, es ist auch das schönste Trostpflaster bei Husten und laufender Nase.

DIE MINUTEN-NUDEL

Die schnellkochenden Nudelquader gibt's in jedem Asia-Shop zu kaufen. Sie sind bunt verpackt und bestückt mit Miniaturtütchen, die mit diversen Geschmäckern und Verstärkern aufwarten. Vor allem Letzteren.
Ich empfehle, diese Extra-Tütchen ohne Umschweife dem Mülleimer zu schenken und das mit dem Geschmack lieber selber in die Hand bzw. den Topf zu nehmen. Die Nudel-Vierecke, die eher an Miniatur-Dämmplatten als an herkömmliche Teigwaren erinnern, machen sich hervorragend in allen möglichen klaren Suppen. Drei Handgriffe bis lecker.

Ein Quader reicht für einen Hunger. Zwei Quader für einen Heißhunger. Man wirft sie einfach in die kochende Lieblingsbrühe und nach ein paar Minuten und ein- bis zweimal Umrühren ist die Nudelsuppe fertig.
Verfeinert wird nach Vorrat und Geschmack zum Beispiel mit Gemüse, Käse oder Kräutern.

SEKUNDENSUPPE

Wenn der Aufenthalt zu Hause mal wieder einem Boxenstopp gleicht und die klassische ›Zwischen-Tür-und-Angel-Stulle‹ einem ungefähr so verlockend erscheint wie U-Bahn-Fahren in der Rush-hour, ist die Sekundensuppe der ideale Rettungsanker.
Eigentlich immer dann, wenn die Zeit, sich was zu kochen genauso klein ist, wie der Wunsch nach einer heißen Mahlzeit groß.
Hier kommt Instant-Nestwärme. Und mit vollem Tank fängt auch die Innensonne gleich wieder an zu leuchten.

Diese Suppe braucht genauso lange, wie das Wasser benötigt, um sich zum Brodeln zu entschließen.
Die Zeit nutzt man, um eine Hand voll schnellgarendes Gemüse wie Zucchini, Tomate oder Champignon in kleinste Teilchen zu schreddern und es in einer Suppenschüssel mit 1-2 TL loser Lieblingsbrühe zu bestreuen.
Wer mag, kann vorher noch die Schüssel mit einer Knoblauchzehe ausreiben oder auch einen Schluck Sahne übers Gemüse gießen. Jetzt wird das kochende Wasser aufgegossen und alles schön verrührt.
Das Ganze nach Belieben frisch bekräutern, mit Parmesanspänen verfeinern und blitzschnell mit Pfeffer und Salz abschmecken. Und dann: genießen. Natürlich in aller Ruhe.

DAS BRÜHWÜRFEL-UNIVERSUM

... oder das Hologramm unter den Nahrungsmitteln

Der Brühwürfel ist klein, fest, ewig haltbar und tritt in ca. 347 Geschmacksrichtungen auf. Eine kleine Hürde bei seiner Verwendung ist, dass ca. 290 Sorten seiner Art eher grau als grandios schmecken und einem tatsächlich das schönste Essen verderben können. Ein vorsichtiger Testlauf vor dem ersten Großeinsatz ist deshalb dringend angezeigt. Am besten, der Würfel hat eine lange Reise hinter sich. Das schmeckt man, das ist gut! Der Brühwürfel ist nicht nur ein wunderbares, sondern auch ein sehr sinnvolles Souvenir.
Es ist immer wieder erstaunlich, wie so ein kleines eckiges Ding einem binnen weniger Minuten und Handgriffe die gesamte abendliche Skyline Bangkoks durch den Mund in die Erinnerung zurückzaubern kann (natürlich nur, wenn auch der Würfel aus Bangkok mitgebracht wurde).
Und er ist eindeutig im Vorteil allen anderen schrecklich nett gemeinten Urlaubsmitbringseln gegenüber, die dann ja immer, möglichst unauffällig, wieder entsorgt werden müssen (oder schnell weiterverschenkt, um dann entsorgt zu werden). Umständlich. Und freuen soll man sich darüber dann auch noch.

Der exotische Würzwürfel hingegen ist eine echte Bereicherung für die geheime Schatzkammer.
Er ist unauffällig klein und bringt einem im Handumdrehen die noch im Schrank befindlichen Nahrungsmittel auf Trab – und gleich dazu noch die schönsten Urlaubserinnerungen auf den Tisch, ganz ohne dafür staubige Farbfotos bemühen zu müssen.
Also: Das Juwel unter den Würfeln kommt von weither. Wenn man nun aber in letzter Zeit gar nicht in der weiten Welt unterwegs war und die Freunde, ungeachtet anders formulierter Wünsche, weiterhin auf das Verschenken von zu großen Postkarten und hässlichen kleinen Figuren bestehen oder aber, wenn der Vorrat an exotischen Brühwürfeln schlichtweg aufgebraucht ist, kann man auch ganz einfach im Asialaden, im Italien-Deli oder im afrikanischen Lebensmittelgeschäft fündig werden.
Übrigens Afrikaläden: Auch wenn sie oft etwas schwerer zu finden sind als der nächste Asialaden, ein Besuch lohnt sich in jedem Fall! Schon wegen der seltsamen Gemüsesorten und der abstrusen Essenzen, Chutneys und Pasten im Glas. Vor allem aber wegen der phänomenalen Geruchswelt, die einen bereits an der Tür buchstäblich überwältigt ... Himmel!
Deutschland riecht dagegen wie ein muffiges Graubrot von weitem.
Aber zurück zur Brühe. Einige meiner absoluten Favoriten sind nach wie vor die thailändischen Würfel mit Tamarinde und Zitronengras. Jede Art von Restgemüse, aber auch einfach zerstückelte Kartoffeln mit Rosinen lassen sich davon sofort verzaubern. Und wenn dann noch zufällig eine kleine Dose Kokosmilch im Hause ist ... 1,2,3, riechen, schmecken, herrlich! – Außerdem sind die Verpackungen meistens echte Kleinode. Wunderbar. Ich staune auch immer wieder, wie die Asiaten es hinkriegen, frischen Koriandergeschmack in ihre Würfel zu sperren. Eigentlich ist nämlich von getrocknetem Koriander deutlich abzuraten. Der schmeckt immer irgendwie staubig. Also, Koriander frisch oder gar nicht oder eben gewürfelt. Von anderswoher wären dann noch saure Würfel aus Frankreich für Muscheln und Fisch sehr zu empfehlen, und mit ein paar spanischen Paella-Klötzchen hatte ich auch schon echtes Glück. Afrikanische Suppenessenzen können wie gesagt die Welt verändern (auch wenn sie wegen ihrer Un-Eckigkeit hier ja eigentlich gar nicht hingehören).
Und einige ganz passable Grundwürfel sind sogar im deutschen Supermarkt zu finden. Da muss man sich nur wirklich durchtesten.
Viele von ihnen sind schrecklich fade. Eine gute deutsche Brühe allerdings kann einem ein ähnlich beruhigendes Gefühl vermitteln, wie sich in den Lieblingssessel bei Omi zu setzen. Angekommen. Zu Hause. In Sicherheit. Es verändert nicht wirklich etwas, rundet aber die gesamte Wahrnehmung angenehm ab.
Und diese Art von Brühe gibt es dann natürlich auch, sehr praktisch, lose gekörnt im Glas.
Aber: Der wahre und echte Brühwürfel ist wie gesagt klein, fest und eckig und tritt in ca. 347 Geschmacksrichtungen auf.

AUF DIE NUDEL GEKOMMEN

DIE UN-SOSSE

Eine der schönsten Soßen auf der Welt ist gar keine: die ›Un-Soße‹.

Es braucht:
1 Zucchini, gutes Olivenöl, Knoblauch, frische Tomaten (die leckeren!), Mozzarella, viele Basilikumblätter, frisch gemahlenen Pfeffer und 1 Spritzer Zitrone

In der Pfanne wird die klein geschnittene Zucchini in einem gut gemeinten Schluck Olivenöl mit reichlich Knoblauch und einer Prise Salz angedünstet und mit einem Spritzer Zitrone abgeschmeckt. Diese Mischung wird nun löffelweise auf den dampfenden Nudeltellern verteilt und mit frischen Tomatenstückchen und Mozzarellawürfeln beglückt. Frisch gemahlener Pfeffer verleiht den letzten Schliff und ein paar aufgeworfene Basilikum-Blättchen verzieren dieses exzellente Sommergericht aufs Feinste.

TOP TIPP
Die Basilikum-Blättchen und die Mozzarella- und Tomatenwürfel in extra Schüsselchen auf den Tisch stellen. Das ist genauso hübsch wie frische Schnittblumen, und jeder kann damit nach Belieben seinen Teller dekorieren.
Selbstverständlich sind auch andere Gemüsesorten für die Pfanne geeignet. Aubergine oder Möhre z.B. – oder eine Mischung aus allem.
Auch Zwiebeln oder Speck können mitgebraten werden, und das Basilikum lässt sich durch Rucola ersetzen. Eine Krone aus goldenen Parmesanflocken ist natürlich herzlich willkommen.

RABIATOR

… am besten höllisch scharf!

Es braucht:
2 Dosen Pizzatomaten, 1 Zwiebel, Knoblauch, Olivenöl, entsteinte schwarze Oliven, Kapern, Salz, 1-2 Chilischoten

Zack zack … die einfachste Tomatensoße unter der Sonne, und die hat es in sich. Die Augen dürfen bei diesem Genuss ruhig ein bisschen tränen, das tut gut!

In der Pfanne werden Zwiebelstückchen und reichlich Knoblauch in Öl angedünstet. Die Pizzatomaten, die gescheibten Oliven, reichlich Kapern und die zerkleinerten Chilischoten folgen. Ordentlich salzen und gut verrühren. Jetzt braucht die Soße bloß noch köcheln, bis die Nudeln al dente sind. Herrlich!

Rabiator-TOP TIPP

Knoblauch nie braun brutzeln. Er wird davon nicht besser, sondern bitter.

Chilipulver ist nicht ganz so stilecht wie die Schoten, lässt sich aber leichter dosieren.

Das Teufelsgemisch wird so richtig rabiator, wenn auch noch ein paar Anchovis mit an Bord sind. Ein bis zwei Fischchen pro Person reichen. Einfach abspülen, klein schneiden und mitgaren. Und nicht vergessen: Die kleinen Viecher sind höllisch salzig!
Die Soße ist in 10 Minuten fertig, wird aber noch leckerer, wenn sie länger geblubbert hat.

Toll zu grünen Tagliatelle!

SANFTE SPINAT-SAHNE

Diese Soße schmeckt nicht nur vorzüglich, sie beschwichtigt auch Nerven und Seele gleichermaßen. Sollte also gerade eine persönliche Beichte anstehen, schafft ein ordentlicher Teller ›Spinat-Sahne-Nudeln‹ die idealen Rahmenbedingungen dafür. Dieses Gericht ist wunderbar dazu geeignet, erste Schockwellen beim Empfänger unliebsamer Neuigkeiten abzufedern. Sanft und sättigend.
– Was will man mehr?

Es braucht:
1 Becher süße Sahne, 1 Packung Blattspinat aus dem Kühlregal (oder frische Blätter vom Gemüsemann), Knoblauch, Salz, Pfeffer und eine Prise Muskat

Den Spinat mit etwas Flüssigkeit und einer Prise Salz (oder loser Brühe) in der Pfanne auf kleiner Flamme zerfallen lassen. Den zerdrückten Knoblauch auch gleich mitspielen lassen. Nun folgt die Sahne, es wird gerührt, eingeköchelt und mit Salz, Pfeffer und Muskat abgeschmeckt. Schon fertig!

TOP TIPP

Wer etwas mehr Zeit für das Zurechtlegen der richtigen Worte braucht, dünstet zu Beginn noch ein paar Zwiebelstückchen und den Knoblauch in Butter an. Dann folgt der Spinat in die Pfanne. Ein Schluck Weißwein und ein Stückchen Edelschimmel in der Sahne passen besonders gut zu etwas komplexerem Gesprächsstoff. Und sollte das geplante Tischgespräch gar Katastrophen größeren Ausmaßes behandeln, empfehle ich ein zusätzliches Stück Lachsfilet, das darf dann klein geschnitten die letzten zwei Minuten in der Spinat-Sahne mitziehen. Prädikat wertvoll:
Ein ›Durch-die-Küche-Werfen‹ dieses Gerichts wurde selbst bei emotionalen Ausnahmezuständen bisher nicht beobachtet.

HEISS UND FETTIG!

Lecker Soße aus fast nix

Es braucht:
Butter, Salbei, Salz

Ein großzügiges Stück Butter wird im Topf oder in der Pfanne zerlassen. Ein paar frische oder getrocknete Salbeiblätter kommen dazu und das Ganze wird mit einer Prise Salz ein paar Mal durchgerührt. Ein wenig durchziehen lassen und lecker ist die Laube!

TOP TIPP

Die abgetropften Nudeln direkt im Topf mit der Soße vermischen und noch dampfend auf den Tellern mit reichlich frisch geriebenem Parmesan und Pfeffer beglücken.
Kurz und bündig – ein Genuss!
Das Gleiche funktioniert auch ganz hervorragend mit einer Hand voll Mohn statt dem Salbei.
Dann kommt zur Prise Salz noch eine kleine Prise Zucker!

DIE BLITZ-OLIVE

Noch einfacher geht es kaum … umso besser!

Es braucht:
Olivenpaste aus dem Glas (gern die mit Thymian!), 1 Stückchen Butter oder 1 ordentlichen Schuss kalt gepresstes Olivenöl, Knoblauch, Zitrone, Salz und Pfeffer aus der Mühle

Die abgegossenen Nudeln werden im Topf mit einem Stückchen Butter oder einem Schluck Olivenöl verwöhnt.
Ein paar Löffel Olivenpaste und eine frisch gepresste Knoblauchzehe folgen in den Topf. Alles gut vermengen, nach Belieben mit einem Spritzer Zitrone und einer Prise Salz abschmecken, fertig. Gepfeffert wird auf den Tellern.

TOP TIPP

Oliven-Nudeln sind ein Gaumenschmaus, aber leider kein Augenschmaus. Frische Tomatenwürfel und ein paar gezupfte Basilikumblätter als Teller-Topping beheben diesen kleinen Makel im Nu aufs Feinste.
Auch frisch gehobelte Parmesanspäne und Walnuss-Stückchen sind hier gern gesehen – und geschmeckt.

WEICH UND WÜRZIG FÜR SCHWERES UND GESCHMORTES

Die Pionierin:
DIE BRATENSOSSE

Ah, herrlich. Ein echtes Tellergericht. Das ist essbare Realität, genau wie sie sich gehört. Fleisch, Kartoffeln, ein bisschen Gemüse und viel Soße … Und die geht so:

Es braucht:
1 noch brutzelnde Pfanne, aus der soeben das Fleisch entnommen wurde, Butter, 1 Zwiebel, Crème fraîche oder süße Sahne, 1 Schluck Weißwein, Muskat, Pfeffer, Salz und eine Prise Zucker.

In die Pfanne kommt ein ordentliches Stück Butter und die klein geschnittene Zwiebel. Die Stückchen dürfen auf kleiner Flamme ein bisschen vor sich hin dünsten, bevor sie mit etwas Zucker bestreut werden. Ein Schluck Weißwein löscht das Geschehen, mit der Sahne wird alles schön cremig gerührt und Salz, Pfeffer und Muskat sorgen für die richtige Rundung im Geschmack.

TOP TIPP
Ein dezenter Gastauftritt von Thymian und Rosmarin kann Wunder wirken.

Ein bisschen soßig-dicker wird es, wenn man die schmorenden Zwiebeln mit etwas Mehl bestäubt.

Wer den schwarzen durch grünen Pfeffer aus dem Glas ersetzt und noch einen kleinen Schluck Schnaps mitspielen lässt, bekommt garantiert den Soßen-Orden verliehen.

IM TAL DER TOLLEN TUNKEN

Alles Peanuts:
ERDNUSS-SOSSE

Herrlich für Grillspießchen und knackiges Gemüse

Es braucht:
Erdnussbutter, Kokosmilch, Chilipulver, Salz, 1 Spritzer Zitrone, Knoblauch wenn gewünscht, etwas Honig oder Zucker zum Abschmecken

Die Erdnussbutter wird in der Pfanne mit der Kokosmilch auf die gewünschte Konsistenz gerührt.
Nun wird mit Chili, Honig, Zitrone und Salz abgeschmeckt.
Ein wenig Knoblauch kann, aber muss nicht mitspielen. Ob die Soße nun eher chilischarf, honigsüß oder einfach nussig-mild gerät, überlässt man am besten der momentanen Stimmungslage.

TOP TIPP
Diese Tunke schmeckt warm und kalt. Hühnchenspieße freuen sich über sie besonders und zu speziellen Anlässen kann ihr eine Spur Kardamom den Hauch der weiten Welt verleihen. Auch ein paar Tropfen Sesamöl veredeln hier ungemein.

COCKTAILSOSSE !?

Die klassische Cocktailsoße ist jenes pink-schlimme Gemisch, in dem seltsame Menschen ihre Scampis ertränken. Eigentlich besteht sie aus Majonäse, Ketchup und Senf und ist eine Beleidigung für jedes Meerestierchen.
Wer allerdings die ›Majo-Matsche‹ durch saure Sahne ersetzt und noch ein klein wenig nachfeinert, bekommt eine erstaunlich leckere Soße für Artischockenblättchen und alles, was man sonst noch gerne eintunkt.

Es braucht:
Saure Sahne, etwas Ketchup (keinen Curryquatsch), scharfen Senf, ein wenig Knoblauch, 1 Spritzer Zitrone nach Belieben

Die saure Sahne wird in einer Schüssel schön glatt gerührt und dann vorsichtig mit etwas Ketchup auf den gewünschten Rosaton gebracht.
Ein Löffelchen Senf schärft die Geschmacksecken, ein bisschen gut zerdrückter Knoblauch bringt Leben in die Bude und der Spritzer Zitrone ist für den Feinschliff da.
Schon gewonnen!

LIEBLING FÜR LACHS

Delikate Senf-Dill-Tunke für den Buddelfisch Graved Lachs

Es braucht:
Ca. 1/2 Glas Senf, ein paar Löffel klaren Honig, 1 Schluck Öl, 1 Schuss Essig, Salz, Pfeffer, 1 Sträußchen Dill

Der Lieblingssenf wird mit dem Honig und dem Öl in einem Topf erhitzt und dabei zu einer gleichmäßigen Tunke verrührt. Nun wird mit etwas Essig angesäuert, gesalzen und bepfeffert, bis die Soße genau so süß-scharf-sauer schmeckt, wie man es am liebsten hat. Wer mag, kann sie auch noch mit einem kleinen Löffelchen Mehl, das in etwas Wasser angerührt wurde, binden. Einfach das Mehl/Wasser-Gemisch mit dem Honig-Senf im Topf verrühren und dem Ganzen dann noch ein paar extra Minuten auf dem Herd geben. Wenn die Soße fertig ist, kommt der fein gehackte Dill dazu. Und zwar gerne reichlich.
Jetzt aber her mit dem Buddelfisch!

TOP TIPP
Wer mag, kann den Essig auch durch Zitronensaft ersetzen oder die beiden mischen.
Und zu knackigem Gemüse passt die Tunke natürlich auch hervorragend.

BUNTE SCHAFSPASTEN

Diese Pasten sind ratzfatz zubereitet, können immer wieder neu erfunden werden und machen sich großartig auf Büfetts – und natürlich auf frischem Brot.

PESTO-PASTE

Es braucht:
1 Glas Pesto, ebenso viel Schafskäse (oder etwas mehr), süße oder saure Sahne zum Glätten, Pfeffer und Zitrone zum Abschmecken

Der Schafskäse wird zerkrümelt und dann mit genügend Sahne zu einer glatten Paste verrührt. Das Ganze gut mit dem Pesto vermischen, abschmecken und fertig.

TOP TIPP

Frische, zerkleinerte Basilikumblättchen einfliegen. Oder die Paste einfach mit ein paar ganzen Blättchen dekorieren.

Das Schöne ist, der Schafs-Trick ist immer der gleiche und immer anders. Man braucht den weißen Käse bloß mit süßer oder saurer Sahne oder gutem Öl gefügig zu machen und ihn dann mit ein paar lecker Extras in Höchstform zu bringen.

DAS WALNUSS-SCHAF

Hier braucht es:
Schafskäse, zerhackte Walnüsse, süße Sahne, 1 Prise Muskat und gerne viel fein gehackte glatte Petersilie

Dieses Schaf geht auch gut ohne Muskat und Petersilie, dafür dann mit Rucola!

Oder DAS OLIVEN-SCHAF

Hier braucht es:
Schafskäse, schwarze zerkleinerte Oliven (am besten gleich die ohne Kerne kaufen), Olivenöl, Thymian, ein Hauch Knoblauch, Pfeffer und Zitrone

Oder das Scharfe-Schaf oder das Gurken-Schaf oder, oder, oder …
mähhhh

BINGO.

SÜSS UND SAFTIG

Aufwachen unerwünscht …
BEERENTRAUM

Eigentlich sind frische Himbeeren von der Hand in den Mund nicht zu toppen – außer im Beerentraum! Da kommen sie in den Topf und sind hinterher fast noch verführerischer. Eis, Waffeln und Pfannkuchen landen mit dieser Soße ohne Umweg auf Wolke sieben.

Es braucht:
Viele Himbeeren, etwas Zucker (auch gern ein Tütchen Vanillezucker), einen kleinen Schluck Rum und ein wenig Zitronensaft

Die Früchte werden vorsichtig gewaschen und kommen dann ohne Umschweife in den Topf, wo sie auf kleiner Flamme und leicht gezuckert in Windeseile herrlichen Saft ziehen.
Fünfminütiges, beständiges Rühren und ein kleiner Schluck Rum verwandeln die Beeren in einen Traum, aus dem man nicht mehr erwachen möchte – und das ist nicht übertrieben!
Wer mag, kann die Soße noch mit einem Spritzer Zitrone abschmecken.

TOP TIPP
Es waren nur gefrorene Himbeeren zu haben? – kein Problem.
Die Frost-Früchte einfach mit einem Schluck Wasser auf kleiner Flamme tauen lassen und dann weitermachen wie mit den frischen Beeren.
Vielleicht gibt man den geeisten Schätzchen eine extra Prise Zucker, um ihnen das Tauwetter zu versüßen.
Und, ja! Das Ganze geht auch mit Erdbeeren. – Und wie! Sind es frische Früchte, so wollen sie vor dem Kochgang gerne etwas klein geschnitten werden.
Wie gleichmäßig die Soße wird, hängt vom Rühren und von der Kochzeit ab. Erdbeeren brauchen ein bisschen länger als Himbeeren.
Wer einen komplett ebenmäßigen Traum wünscht, kann die Soße zu guter Letzt auch noch durch ein Sieb streichen und *ein Minzblättchen in Ehren, wird jeden bekehren.*

Ein fruchtiger Kuss:
KIRSCHSOSSE

Hier kommt ein zauberhaftes ›On-Top‹ für Pudding, Grießbrei und süße Aufläufe!
Alles, was es dazu braucht, sind ein Glas Kirschen (vor allem den Saft), ein kleinen Löffel Vanille-Puddingpulver und ca. drei Minuten Vorfreude.

Einfach eine Tasse von dem süßen Kirschblut mit dem Puddingpulver mischen, und dann im Topf mit dem restlichen Saft behutsam aufkochen lassen – dabei immer schön umrühren.
Wer mag, wirft noch ein paar der Kirschen ins blubbernde Vergnügen, und schon nach kürzester Zeit ist die fruchtige Soße bereit, über die wartende Süßspeise gelöffelt zu werden. Ein Gedicht! – auch in erkaltetem Zustand.

Die verflixte Versuchung:
KARAMELLSOSSE

Der ganze Trick besteht darin, Zucker mit einem Schluck Wasser in der Pfanne karamellisieren zu lassen.
Eine mittelgroße Flamme, viel Rühr-Geduld und eine flinke Hand, wenn es darum geht, den richtigen Bräunungsgrad abzupassen, sind alles, was es dazu braucht.
Je dunkler das Karamell, desto weniger süß ist es. Wer es dunkel und sehr süß möchte, rührt kurz vor Schluss noch mal etwas Puderzucker ein.

In ihrem puren Zustand wird die Karamellsoße noch vor dem Erkalten über den Flan oder die Vanillecreme gelöffelt. Juhu! – Aber Vorsicht! Höllisch heiß! Also bloß nicht den Löffel ablecken!
Will man die Soße später verwenden, verhindert man ihre Erstarrung, indem man sie schluckweise mit zusätzlichem heißen Wasser oder einem Stückchen Butter verrührt.
Schon mal Vanille-Eis mit selbst gemachter Karamellsoße probiert??? Na, dann aber los!

Mit Butter oder Wasser kann man die Soße auch wieder weich kriegen, wenn sie einem doch mal verhärtet ist. Wieder vorsichtig erhitzen und rühren, rühren, rühren.

Eine **SAHNEKARAMELLSOSSE** wird daraus, indem man in einem extra Topf behutsam etwas süße Sahne erhitzt. Das zähflüssige, leicht abgekühlte Karamell braucht nun bloß noch geduldig und gründlich eingerührt zu werden. Ein Himmelreich für diese Soße!

DA HAST DU DEN SALAT

Ein großer bunter Salat ist eine helle Freude und eine Ehre für jeden gedeckten Tisch, auch wenn die Schnippelarbeit dabei dummerweise oft im fairen Verhältnis zur Großartigkeit des Ergebnisses steht – aber was tut man nicht alles für einen Hochgenuss.

Hier ein paar einfache Tricks, um aus einem bunten, einen Mega-Salat zu machen.
Die meisten davon kennt man schon und vergisst sie nur immer wieder …

EIN PAAR EXTRA SCHÖNHEITEN:

OBST: Entkernte Weintraubenhälften oder Nektarinenstückchen lassen den Salat nicht nur geschmacklich funkeln.

GEMÜSE: Mit Knoblauch gedünstete Brokkoliröschen (zu Feldsalat) oder angebratene Pfifferlinge (zu Blattsalaten aller Art) erheben die Blätterpracht in die Königsliga.

KERNE & SPROSSEN: Was für eine Krönung! Eine Hand voll gemischte Sprossen on top und dazu noch etwas angeröstete Sesam- und Sonnenblumenkerne … aber ja!

Außerdem: Krause Blattsalate hindern die Soße daran, es sich allzu schnell auf dem Schüsselboden gemütlich zu machen, halbe Cherrytomaten sind hübscher als ihre zerstückelten großen Schwestern und Möhren lassen sich per Sparschäler in ganz entzückende Streifchen zerlegen.

Jetzt aber her mit der Soße!
Schließlich ist sie dem Salat Lebenssonne und Designerkleid in einem. Und wer am Dressing knausert, braucht sich nicht zu wundern, wenn er irgendwann zu denen gehört, die sich gleich den ganzen Salat sparen … Wär doch schade. Oder?

Die Königin der Salatsoßen:
LA VINAIGRETTE

Schon eine einfache Vinaigrette genügt, um jedem Grünzeug Flügel zu verleihen. Verschönt man die Soße noch mit ein paar einfachen Extras, kann man mit ihrer Hilfe die größten Vitaminmuffel in Salatliebhaber verwandeln. Auch sich selbst

Es braucht:
Essig, Senf, Salz, Pfeffer, Zucker und gutes Öl (z.B.: Olivenöl), Knoblauch nach Belieben

Ein Schluck guter Essig wird mit einem Löffelchen Senf, einer Prise Salz und einer kleiner Prise Zucker gründlich vermischt. Dann folgt ein ordentlicher Schluck Öl und das Ganze wird gerührt, bis eine gleichmäßige Soße entstanden ist. Nun wird die Vinaigrette per ›Finger-Ableck-Test‹ auf geschmackliche Perfektion geprüft und nach Herzenslust nachgekräutert und gewürzt. So einfach – so gut!

TOP TIPP
Die Soße hat es ausgesprochen gern, in einem leeren Marmeladenglas zubereitet zu werden. Durch kräftiges Schütteln bekommt sie eine schön gleichmäßige und leicht schaumige Konsistenz.

Den Essig mit etwas frisch gepresstem Orangensaft mischen.

Ein Löffel Himbeermarmelade oder Honig in der Vinaigrette treibt den Hochgenuss auf die Spitze.

Zum erwählten Basis-Öl noch ein paar Tropfen Kern- oder Sesamöl? Jaa!

TUNKEN-TIPP FÜR FAULPELZE

Wenn man sowieso schon mal beim Soßenrühren ist, kann man auch gut gleich eine Vorrats-Marinade mit anlegen – ein Art Basis-Vinaigrette für alle Fälle. Im Kühlschrank aufbewahrt hält sie sich locker zwei bis drei Wochen und wenn man für sie etwas weniger Essig als für die Salatsoße bemüht, kann man in ihr auch wunderbar alles Mögliche anbraten. Zum sanften Bekleckern von gedünstetem Gemüse eignet sich diese Vorrats-Mixtur ebenso gut wie zum Marinieren von Fleisch und Fisch. Und portionsweise mit einem extra Schuss Zitrone veredelt, beflügelt sie den ›Salat-für-zwischendurch‹ im Handumdrehen.

Es braucht:
1 Marmeladenglas, Olivenöl, Senf, Honig, Thymian oder Oregano oder beides, Salz, Pfeffer, etwas gepressten Knoblauch und ein wenig Lieblings-Essig

Einfach alles im Glas zusammenrühren, abschmecken, durchschütteln und kaltstellen. Je nach aktuellem Anlass lässt sich die Vorrats-Vinaigrette dann auch gerne noch mit frischen Kräutern oder was einem sonst noch dazu einfällt feintunen. Eins, zwei … *Entzückend*

Auch eine lecker Blattgrün-Begleitung:
JOGHURTSOSSE

Man braucht bloß genügend Joghurt oder saure Sahne glatt zu rühren, Zitronensaft, eine Prise Salz und eine Prise Zucker unterzumischen, und das war's schon.
Jetzt kann die Joghurtsoße mit frisch gehackten Kräutern und etwas gepresstem Knoblauch nach Belieben spezialisiert werden. Auch ein Schluck süße Sahne kann hier zusätzlich Freude bereiten.

Für den **OBSTSALAT** die Joghurtsoße mit nichts als Zucker und fein gehackter frischer Minze anrühren.

UNWIDERSTEHLICH.

DIE TIEFKÜHLLÜGE

Ist doch klar. Auch ein Nahrungsmittel möchte als das gesehen bzw. geschmeckt werden, was es wirklich ist. Wer will das nicht? Alles andere führt, wenn überhaupt irgendwohin, dann in die Irre. Und da ist es nun mal nicht so schön.
Zum Beispiel eine Dose Mais zu öffnen und den Geschmack von Mais, also echtem Mais vom Kolben, zu erwarten, wird einem ganz zwangsläufig den Gesichtsausdruck entlocken, den auch ein Schluck Cola verursacht, wenn sich dieser im Mund als Kaffee herausstellt. Schlimm! Aber was kann der Kaffee dafür, wenn der Mund fest mit dem Geschmack von Cola gerechnet hat? Nichts. Genau.
Ein vertauschtes Glas war schuld. Alles nur eine Verwechslung. Aber das Tischtuch muss es ausbaden. So ist das dann. Was ich damit sagen will, ist, das Problem der Tiefkühlpizza ist ihr Name! Würde das Ding stattdessen ›heißer Keks‹ oder von mir aus ›Snack Attack‹ oder einfach ›Turbo Cracker‹ heißen, man wüsste gleich, woran man ist und könnte sich danach verhalten. Also zum Beispiel:

»Herjemine … bloß keine Trash-Attacke!« Oder eben: »Ja, klasse, jetzt schnell was lecker Heißes – da mach ich mir den Brokkoli von gestern mit Schmand und Käse drauf.«

Aber nein! – Irregeleitet durch die Packungsaufschrift und ein absurd realitätsfremdes Hochglanzfoto (was übrigens genau aus diesem Grund nie ›Abbildung‹, sondern immer ›Serviervorschlag‹ heißt) erwarten wir eine *Pizza*, werden aber mit einem eingeschweißten blassen Fladen konfrontiert. Und zack! Aller Spaß ist hin. Dass diese Tiefkühllüge sich dann auch noch Messer und Gabel widersetzt, wie es eben ein belegter Keks tun würde, muss ja alle hoffnungsbegabten Gesichtszüge endgültig entgleisen lassen. Und alles wegen eines *Missverständnisses*!
Das ist doch Quatsch.
Also: Bloß nicht verschaukeln lassen. Nie, nie der Verpackung Glauben schenken, sondern immer schön dem Inhalt und den dann auch so behandeln, wie er es verdient hat. Nahrungsmittel sind einfach viel leckerer, wenn man sie genau als das nimmt, was sie wirklich sind.
Und Erwartungen sind ja sowieso Spielverderber.
Guten Appetit.

EIN TURBO CRACKER

Turbo Cracker sind gut, wenn sie scharf sind und der Raspelkäse (hier kann fast jeder Käserest zu neuen Ehren kommen) so dünn gesät ist, dass er Blasen wirft und ordentlich anbräunt. Ist zufälligerweise ein Gemüserest da, der einem Spaß machen würde, immer rauf damit. Wenn nicht, auch gut.
Vielleicht warten ja zufälligerweise eine Banane und eine kleine Dose Erbsen darauf, dass ihr Stündchen schlägt.

TONNO AL TURBO

1 Thunfisch-Tiefkühlkeks
1 Banane
1 Hand voll Erbsen (aus der Dose)
1 kleine Hand voll Käseraspeln
Chilisoße nach Geschmack

Ha, angeschmiert! – Hab doch gesagt, nicht verschaukeln lassen! Natürlich kann man seinen Tiefkühl-Thunfisch-Keks mit Erbsen und Banane belegen – aber ich würde das nicht tun.
Mal ehrlich, womit man am liebsten seine Tiefkühllüge in einen wahren Leckerbissen verwandelt, weiß jeder selbst am besten. Willkommen ist alles, was da ist und einem das Wasser im Munde zusammenlaufen lässt.
Und wer gerne eine echte Pizza möchte, geht eben zum Lieblings-Italiener an der Ecke.

BON APPETITO!

DAS NUDEL-FIASKO

Man stelle sich vor: Es sind tatsächlich alle Zutaten für die perfekte Nudelsoße im Hause, alles scheint zu stimmen, und die Vorfreude ist groß. Selbst der Tisch ist schon gedeckt, und auch die Nudeln kochen bereits. Alles blubbert vor sich hin, die gesamte Wohnung ist erfüllt von einem außerordentlichen Nudelsoßen-Geruch und …
Da klingelt das Telefon!

Cut/Schnitt/Vorbei
Die Katastrophe nimmt bereits ihren Lauf. Wenn der Hörer wieder auf der Gabel liegt, sind die Nudeln verkocht, und das Drama ist groß.
Jetzt nur nicht dem Adrenalin nachgeben, sondern dreimal tief ein- und ausatmen und dann das Ganze von oben betrachten …
Warum aufgeregte Mütter und liebesbekümmerte beste Freunde immer gerade anrufen müssen, wenn Nudeln auf dem Herd stehen, bleibt wohl für immer ungeklärt. Dass sie es aber tun, scheint einer Art kosmischem Gesetz zu folgen.
So ähnlich wie die Socken, die sich in der Waschmaschine dematerialisieren, oder das frisch geschmierte Brot, das garantiert mit der Marmeladenseite nach unten auf dem Küchenfußboden landet. Es ist nun mal so.
Und was wir nicht verhindern können, sollten wir bewundern und dann nach Möglichkeit verändern.
Aber zurück zu unseren Nudeln.
Der Notfall (das Telefongespräch) ist also abgewendet, die ›Nudel‹ rettungslos verweichlicht und die gute Stimmung über den Jordan.
Und genau da wird sie auch bleiben, wenn man weiterhin behauptet, es ginge hier um Nudeln und sich an den Tisch setzt, um tapfer bzw. ignorant Matsch mit Soße zu löffeln.
– Keine gute Idee. In diesem Fall ist die einzige Rettung, das Wort ›Nudel‹ ersatzlos zu streichen und das geplante Abendmahl kurzerhand in **Käserauten** oder **Kirschauflauf**, oder was einem eben sonst noch dazu einfällt, umzutaufen.
Mit ein paar einfachen Tricks und etwas Willen zum Wunder kann man der traurigen Geschichte so doch noch ein Happy-End schenken.

KÄSERAUTEN

Als Erstes sollte man den Nudeln vollständig verzeihen, und dann dem Ofen ordentlich einheizen.

Es braucht:
Weiche Nudeln, reichlich Parmesan oder geriebene Kästereste, Kräuter und Gewürze freier Wahl (z.B. Salz, Pfeffer und Thymian)

Das gut abgetropfte Ex-Fiasko dünn auf einem gefetteten Backblech verteilen. Das Ganze nun großzügig bekräutern und gewürzen, den Parmesan oder sonstigen Reibekäse reichlich und kreuz und quer darüber streuen, und dann das Blech in die heiße Röhre schieben.

Nach ca. 20 Minuten hat sich das Fiasko in eine golden-brutzlige Leckerei verwandelt, die zu Rauten geschnitten auf den Tellern verteilt wird. Dazu gibt's die Nudelsoße und einen Klacks saure Sahne oder Crème fraîche. Ein paar Basilikumblättchen veredeln das Ganze natürlich ungemein.

TOP TIPP
Die Un-Nudeln können selbstverständlich durch diverse Geschmacksessenzen modifiziert werden. Ob nun Olivenstückchen, Kapern oder Sardellen dazukommen, wer weiß … Es passt, was gefällt.
Aber Achtung: Nur nicht überwürzen! Es braucht ja noch Geschmacksplatz für die Soße

Süße Variante:
KIRSCHAUFLAUF

… aber vorher noch schnell die Nudelsoße mit Hilfe von leckerer Brühe, Sahne und/oder Gemüsesaft zur Suppe strecken und diese, während der Auflauf im Ofen backt, als Vorspeise genießen!

Der Auflauf braucht:
Ca 1/2 Packung verkochte Nudeln, 1 Glas Kirschen, 2 Päckchen Vanillepudding-Pulver, ca. 1 Tasse Milch, 1 Päckchen Quark, ca. 1 Tasse Zucker, 1-2 Eier und zur Krönung eine Hand voll Mandelblättchen.

Die Kirschsoße braucht:
Den Saft aus dem Kirschglas, einen kleinen Löffel Puddingpulver und einen kurzen Blick auf Seite 53 … *Ein wahres Kompliment für das Fiasko-Happy-End*

Es geht los:
Während sich der Ofen schon mal mittelheiß in Wallung bringt, das Puddingpulver mit der Milch glatt rühren und dann mit dem Quark, dem Ei und dem Zucker vermischen. Gut die Hälfte der Hartweizen-Weichlinge nun in eine gefettete Auflaufform bugsieren und mit einem ordentlichen Schwung der süßen Mixtur begießen. Die abgetropften Kirschen darauf verteilen und das Ganze mit den restlichen Nudeln belegen.
Zu guter Letzt wird alles mit dem übrigen Vanille-Gemisch begossen und liebevoll mit den Mandelblättchen beworfen.
Ab in die Röhre damit.
Jetzt ist ca. 1/2 Stunde Zeit, das Vorspeisen-Süppchen zu genießen oder einfach die Füße hochzulegen. Wenn die Mandelblättchen beginnen zu bräunen, hat sich das Nudelfiasko in einen sagenhaften Kirschauflauf verwandelt – der übrigens auch kalt am nächsten Tag noch eine helle Freude ist. Es lebe die Transformation!

TOP TIPP
Statt 1 Tasse Zucker, 2 gehäufte Esslöffel + 6 Tütchen Vanillezucker nehmen. Das ist wirklich ganz und gar empfehlenswert!

Achtung: Magerquark kommt oft in riesigen Packungen daher. Hiervon nur ca. die Hälfte nehmen.

Wenn man kein Ei hat oder mag, lässt man es einfach weg und baut dafür nach Belieben mit etwas mehr Puddingpulver und Milch oder Quark an.

DIE TASSEN-AGENDA

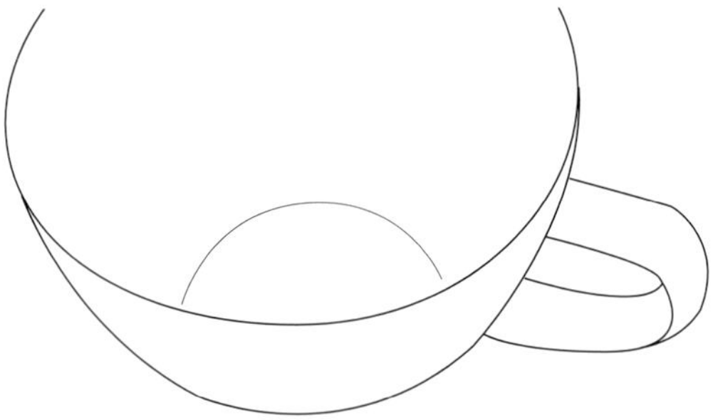

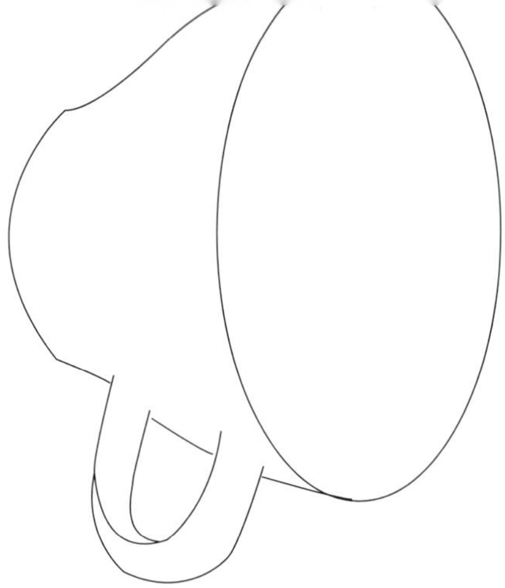

KEIN MESSBECHER? – KEIN PROBLEM!

Könnte ja sein, dass man doch mal versucht ist, so richtig nach Rezept aus einem echten Kochbuch zu kochen oder zu backen. Und dann das: 200 Gramm Mehl, 150 Gramm gemahlene Mandeln … Na toll! Woher soll man das denn jetzt wissen? Kein Messbecher weit und breit. Wahrscheinlich ist das Ding schon seit dem letzten Umzug verschollen. Mist – nur dass das die liebe Freundin, die heute Geburtstag hat, herzlich wenig interessiert – die will nämlich einfach ihren Kuchen haben. Recht hat sie! Das kann man dann auch ruhig dem Kochbuch erzählen. Es wird darauf nur leider nichts antworten. Und schon steht man da. Ein echtes Gramm-Dilemma. – Oder auch nicht.

Hier kommt die Tassen-Agenda. Alles, was es hierfür braucht, ist eine Kaffeetasse – die wird ja wohl zu finden sein? Wenn nicht, tut's auch ein Saft oder Weinglas, und schon kann's losgehen. Das Ganze funktioniert Pi mal Daumen, und man wird staunen, wie gut! Schließlich sind wir hier nicht im Chemielabor. Und ein Kuchen ärgert sich ganz bestimmt nicht über ein paar Rosinen mehr oder weniger.

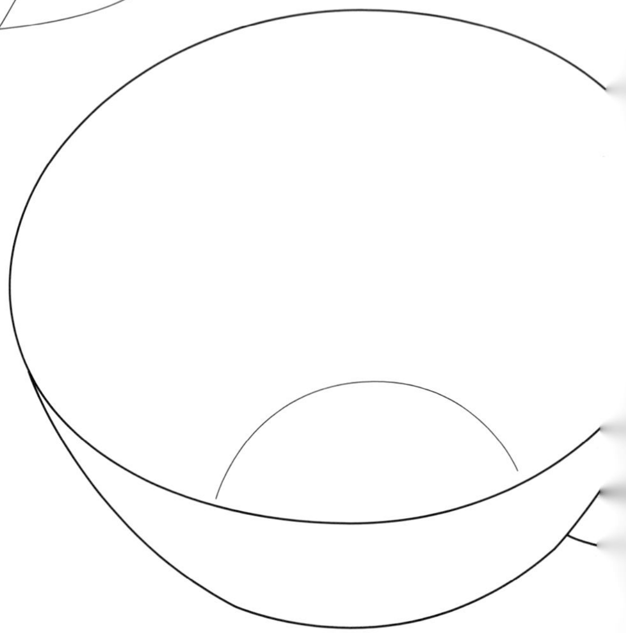

VIEL VERGNÜGEN.

ZUCKER = ca. 110 Gramm
(1/2 Tasse + 2 EL = ca. 100 gr)

ROSINEN = ca. 100 Gramm

PUDER ZUCKER = ca. 70 Gramm
(1 Tasse + 3 EL = ca. 100 gr)

GRIESS = ca. 100 Gramm

GERIEBENE MANDELN = ca. 60 Gramm
(1 Tasse + 4 EL = ca. 100 gr)

MEHL = ca. 80 Gramm
(1 Tasse + 2 EL = ca. 100 gr)

HAFER FLOCKEN = ca. 60 Gramm
(1 Tasse + 4 EL = ca. 100 gr)

MANDEL BLÄTTCHEN = ca. 50 Gramm
(2 Tassen = ca. 100 gr)

Der Fahrplan

Die Tasse kann angenehm gefüllt sein, also so als würde man daraus Kaffee trinken. Dazu kommen dann die fehlenden Esslöffel (gut gehäuft). In eine Tasse passt ungefähr so viel wie in ein simples Weinglas (3/4 voll), aber wie gesagt – alles Pi mal Daumen, und bloß nicht verrückt machen lassen.
Lecker ist nicht aufzuwiegen!

Übrigens: 4 Tassen sind ca. 1/2 Liter

MEILENSTEINE UNTER DEN LIEBLINGEN

Nichts leichter als das … von wegen!!

Au ja, Pfannkuchen!! Haufenweise süß duftende Goldwunder … heiß und himmlisch … Mensch, ist das lange her. Und Apfelmus ist auch noch da … Jetzt aber los! Die sind ja auch ganz leicht zu machen – aber wie?? Tja, so oder ähnlich ist es mir schon oft ergangen. Wenn so was passiert, ruf ich eine Freundin an, die dann auch ganz genau weiß, dass man bloß Eier, Milch und Mehl zusammenrühren muss … Na super! ›Irgendwie zusammenrühren‹ also. Und dann probier ich's eben einfach aus … geht ja auch. Aber ehrlich, manchmal wäre eine Art Fahrplan schon hilfreich. Über den Haufen werfen kann man den ja immer noch. Ich finde, für das ›aus-der-Welt-Räumen‹ von Basis-Fragen zu den Lieblingsleckereien sind eigentlich die Verpackungen zuständig. Manchmal tun sie ja auch ihren Dienst, aber meistens sucht man das Einfachste vom Einfachen vergeblich auf den Pappschachteln: ›Grieß-Flammerie‹, ›Sahne-Nuss-Auflauf‹, ›Spezial-Dessert‹ … – Schnickschnack!

»Ich will doch nur kurz wissen, wie der Brei noch mal ging!!!«

… oder Milchreis – das gleiche Theater. Und was tun, wenn die Schachteln gar nicht mehr da sind, weil alles schon längst von übereifrigen Händen in irgendwelche Gläser umgefüllt wurde? Da sitzt man dann eben wieder am Telefon, nur um es am Ende doch im wagemutigen Freiflug alleine zu probieren. Zugegeben, die daraus entstandenen Küchen-Havarien haben bis jetzt immer zu köstlichen Notlandungen geführt – Milchreis-Kuchen zum Beispiel. Nicht, dass ich jetzt noch wüsste, wie ich den aus dem entgleisten Reisberg gezaubert habe, aber lecker war's! Man muss ja manchmal vom Weg abkommen, um neue Orte zu finden. Trotzdem. Für alle, die einfach mal wieder Pfannkuchen essen möchten, ganz so, wie sie einem morgens im Bett vor dem verträumten geistigen Auge erscheinen, hier ein paar Grund-Baupläne. Und wie gesagt. Auf den Kopf stellen geht immer noch.

Viel Vergnügen

GRIESSBREI

Nicht ohne Grund wurde die Mauer ums Schlaraffenland aus süßem Grießbrei gebaut … Wer sich da durchgenascht hat, ist so zufrieden, dass er garantiert ein angenehmer Gast ist.

Es braucht:
1/2 Liter Milch, ca. 3/4 Tasse Grieß,
3 EL Zucker (oder mehr), 1 Prise Salz

Die Milch wird mit dem Zucker und der Prise Salz vorsichtig aufgekocht. Dabei kann der persönliche Süßungsgrad nach Belieben feinjustiert werden. Dann den Grieß einrieseln lassen und immer schön umrühren – der Brei dickt in den nächsten Minuten erstaunlich nach. Der Grieß kann jetzt gerne noch fünf Minuten auf kleiner Flamme, unter ständiger Weiter-Rührung, vor sich hinköcheln. Nur aufpassen, dass er dabei nicht anbrennt.

Man kann den Brei nun, noch dampfend, mit Kirschen aus dem Glas oder anderem Obst verspeisen. Besonders lecker dazu ist auch Himbeersirup. Oder aber man füllt ihn in Schälchen, stellt ihn kalt und genießt ihn dann mit heißen Himbeeren. Wie man die heißen Beeren macht, steht bei den ›Super Soßen‹ auf Seite 52.

TOP TIPP

Dieser Tipp kommt von einer Omi, die ich im Supermarkt zu diesem Thema befragt habe. Und natürlich hat sie Recht behalten:
Der wahre Grießbreigenießer nimmt Hartweizen- statt Weichweizengrieß!

Aber ob nun hart oder weich: 2 Päckchen Vanillezucker dürfen in jedem Fall gerne mitspielen.

MILCHREIS

Okay, Milchreis kochen dauert etwas länger. Aber wer mag, kann ja gleich die doppelte Portion zubereiten. Im Kühlschrank aufbewahrt hält er sich zwei Tage … nur dass er dann eben doch nie so lange hält. Kein Besuch lässt sich diesen Schmaus entgehen. Man müsste den süßen Reis dann schon geheim halten. Aber dafür ist er eben viel zu lecker.

Es braucht:
1/2 Liter Milch, ca. 1 Tasse Milchreis, 2–3 EL Zucker und gern noch 1 Tütchen Vanillezucker, 1 Prise Salz und 1 Stück Butter nach Belieben

Den Reis gut waschen und dann in der Milch mit Zucker und Salz zum Kochen bringen. Die Butter dazu oder auch nicht, und nun den Reis auf kleiner Stufe 40 Minuten weich köcheln. Dazu kommt ein Deckel auf den Topf, den man ab und zu zum Umrühren hebt.

Auch Milchreis ist gleichermaßen heiß und kalt ein Genuss. Ob nun mit Zucker und Zimt oder Kirschen aus dem Glas, weiß jeder selbst am besten.

TOP TIPP
Eine Vanillestange der Länge nach zerschneiden und mitkochen. Ein herrliches Extra-Aroma gibt das. Aber die Stangen nicht mitessen! Das schmeckt nicht.

PFANNKUCHEN

… Morgensonne, eine Tasse Kaffee in der einen Hand und in der anderen einen aufgerollten Pfannkuchen mit Erdbeermarmelade. So ist es im Himmel. Ich weiß das.

Es braucht:
2 Tassen Milch, 2 Eier, 1 gehäufte Tasse Mehl, 1 EL Zucker, 1 kleine Prise Salz, Butter oder Öl für die Pfanne

Alle Zutaten werden zu einem Teig verrührt. Er soll flüssig, aber nicht dünnflüssig sein. Bei Bedarf also einfach mit etwas Mehl nachjustieren. Während der Teig nun etwas vor sich hin quillt, wird das Fett in der Pfanne erhitzt.
Wenn es dann schön heiß ist, also auf Wasserspritzer wütend reagiert, kommt der Teig kellenweise in die Pfanne, wird schnell per Schwenken gleichmäßig darin verteilt, und wenn der äußerste Rand braun wird, kann der Pfannkuchen gewendet werden. Noch ca. zwei Minuten Geduld, und der erste Goldfladen ist bereit, süß bestrichen, aufgerollt und dann genüsslich verspeist zu werden.

TOP TIPP
Aber ja, auch flach auf dem Teller mit Messer und Gabel gegessen sind Pfannkuchen himmlisch. Apfelmus oder Zimt und Zucker dazu sind ein Himmelreich für sich. Und wer's lieber hat, kann sie natürlich auch mit Käse und Speck braten. Bei großem Hunger oder mehr als einem auserwählten Gast einfach das Rezept verdoppeln.

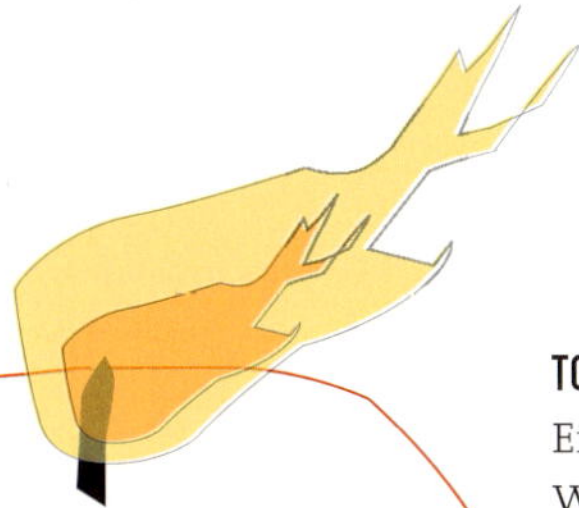

DER GEBURTSTAGSKUCHEN

mit Schokolade! Na, wenn das kein Meilenstein ist …

Es braucht:
3 1/2 Tassen Mehl, 2 Tassen Zucker, 4 Eier, ca. 2 Tassen Schokoflocken (oder kleingemachte ›Weihnachts-Hasen‹ aus dem Tupper-Sarg), 1 Tütchen Backpulver, ca. 3/4 von einem Päckchen weicher Butter, 1/2 Tasse Milch und 1 Prise Salz

Alle Zutaten gut verrühren. Das geht am besten, wenn man mit der Butter und dem Zucker anfängt. Dann kommen die Eier und die Milch dazu – und dann der Rest. Den Teig nun rühren, rühren, rühren, dann in eine am Boden gefettete Kuchenform (Springform) befördern und diese für ca. 40 Minuten im mittelheißen Ofen verschwinden lassen –
(ca 180° oder 3-4 bei Gas).
Der Piks-Test mit dem Zahnstocher sagt einem, ob der Kuchen dann schon fertig ist oder noch ein paar extra Minuten im Ofen wünscht (das Stäbchen einfach in die Kuchenmitte stechen und wieder rausziehen. Wenn es noch Teig-feucht ist, braucht das Backwerk noch ein wenig Ofen-Geduld).

Happy Birthday

TOP TIPP
Einen guten Schluck Rum oder Whisky mitspielen lassen.

Eine Tasse Mehl kann auch bestens durch 3 Tütchen Vanillepuddingpulver ersetzt werden. Das hat der Kuchen gern.

EIN GEBURTSTAGS-SCHOKO-MANDEL-KUCHEN
wird daraus, wenn man 1 Tasse Mehl durch 1 Tasse geriebene Mandeln ersetzt. Und auch eine extra Tasse gehackte Mandeln kann gerne noch eingeflogen werden. Bingo!

EIN GEBURTSTAGS-SCHOKO-MANDEL-KIRSCH-KUCHEN
wird daraus, wenn auf dem Teig in der Springform ein abgetropftes Glas Kirschen verteilt wird. Den Rand lässt man dabei unbelegt. Im Ofen wandern die Kirschen dann wie durch Zauberhand an ihre richtige Position im Kuchen.
Die Backzeit verlängert sich hier auf ca. 50 Minuten.

TOP TIPP
Zu guter Letzt das Dekorieren nicht vergessen. Ein Geburtstagskuchen möchte in jedem Fall hübsch gemacht werden!

Der Geburtstagskuchen liebt eine Extra-Verzierung aus Mandelblättchen, die man kurz in der Pfanne mit etwas Zucker Bienenstich-braun geröstet hat.

ODER:
Man kann auch einfach eine gefettete Springform mit *Blätterteig* auslegen, einen halben Liter Vanillepudding darauf gießen, das Ganze mit Aprikosen aus der Dose belegen und eine halbe Stunde später eine herrliche Sommertorte haben …
Es spricht auch nichts dagegen, den Blätterteig noch mit Aprikosenmarmelade zu bestreichen – aber eigentlich gehört das alles hier schon ins nächste Kapitel …

GOLDENES GELINGEN.

v. Willsdorf & Chrish Klose
BRÖTCHEN

BLÄTTERTEIG

Im Grunde müsste dieses Buch aus Blätterteig sein, so wunderbar passt er hierher. Blätterteig ist einfach zu handhaben, lecker zu essen und geduldig in der Aufbewahrung.
Was will man mehr? Er kann mehrere Monate und ohne beleidigt zu sein in einer Eisfachecke darauf warten, dass sein Stündchen schlägt. Und wenn es dann schlägt, herzlich willkommen und los! Sofort ist er am Start.
Und wie. Er ist der Freund aller Nahrungsmittel, umarmt und umrandet sie, lässt sie in ihrem schönsten Licht erstrahlen und gibt sogar kleinsten verschämten Überbleibseln wie dem letzten Löffel Marmelade oder der traurigen Käserinde das Gefühl, etwas ganz Besonderes zu sein. Das Schöne ist, er ist so flexibel und vorurteilsfrei, dass er immer wieder neue Erfahrungen sammelt, und das trägt natürlich auch zu seiner eigenen Zufriedenheit bei. Null Ego-Problem also. Ein wahrer Genuss. – Da muss man erst mal hinkommen!
Blätterteig ist und bleibt das wunderbarste Rahmenprogramm unter der Ofen-Sonne. Und eins noch:
Als essbare Bastelfolie ist er natürlich für jeden Spieltriebigen und Backwütigen ein gefundenes Fressen.
Vom Sternchen-Keks über die Turbo-Tasche bis zum stolzen Strudel – er liebt es, verschiedene Formen anzunehmen und macht so der ›Kunst der Stunde‹ alle Ehre.

BLÄTTERTEIG-REZEPTE

KLECKS-KEKSE

Man rolle den aufgetauten Blätterteig ein wenig aus (z.B. mit einer bemehlten Weinflasche), steche oder schneide die Lieblingskeksformen aus, verrühre **Puderzucker** mit etwas **Wasser** oder **Zitronensaft**, bestreiche die rohen Plätzchen damit und kleckse zu guter Letzt einen kleinen Löffel **Marmelade** darauf. Nach ca. 10 Minuten heißer Ofenzeit können die Gäste kommen. Hmmmm.

Und in salzig?
Genauso schnell und einfach sind **Käsestangen** gezaubert.
Hierfür werden aus dem Teig dünne Streifen geschnitten und in reichlich **Käseraspeln** gedrückt, die mit **Kräutern** oder **Paprikapulver** verfeinert werden können. Die Streifchen lassen sich schön lang ziehen und auch gut zur Kordel verdrehen. Golden gebacken sehen sie dann noch entzückender aus.

MINI-QUICKIES

Man könnte sie auch Blätter-Ravioli nennen. Gefüllt mit einem Bröckchen Schafskäse oder entkernten Oliven, sind sie ruckzuck gemacht und geben im Zusammenspiel mit ein oder zwei Soßen eine herrliche Vorspeise ab. Man rollt den aufgetauten Blätterteig auf einem bemehlten Untergrund schön dünn aus und schneidet ihn in kleine Kreise oder Quadrate, auf denen man dann die gewünschte Füllung platziert. Nun braucht man bloß noch die Täschchen zu schließen, indem man die Ränder fest aufeinander drückt.

Die Quickies können in viel heißem Öl in der Pfanne gebraten oder im Ofen gebacken werden. Auf Backpapier bei mittlerer Hitze in die Röhre geschoben, sind sie in ca. 10-15 Minuten bereit. Wer die Quickies vor dem Backen noch be-ei-gelbt oder leicht ölt, bekommt ein herrlich glänzendes Ergebnis. In der Pfanne dauert es nur fünf Minuten, aber im Ofen Gebackenes riecht besser, und man hat die Hände frei, um die Soßen zu machen.

Tunken-TOP TIPP
Einfach weißen milden **Joghurt** mit klein gehackter **Pertersilie** oder **Minzblättern** glatt rühren. Mit einer Prise **Salz** und frisch gemahlenem **Pfeffer** abschmecken, fertig.
Wer mag, kann die Quickies auch in **süße Chilisoße** oder **Soja-Soße** stippen.

Und dazu?
Auch ein Mini-Salat aus klein gehäckselten **Tomaten mit Olivenöl**, **Zitrone**, gepresstem **Knoblauch**, **Pfeffer** und **Salz** macht sich zu den Knusper-Quickies wunderbar.

Die Quickies ergeben eine besonders herrliche Vorspeise, wenn sie portionsweise auf Untertassen serviert und mit frischen Kräutern dekoriert werden.

HANDLICHE TASCHEN

Diese Blätterteig-Taschen sind das perfekte Versteck für fast alle leckeren Essensreste. Hierfür braucht es etwas größere Teigstücke als bei den Quickies. Diese werden ausgerollt und nach Belieben mit ein paar Esslöffeln gekochtem **Gemüse** vom Vortag oder den **Käseresten** belegt. Die Füllungen können natürlich auch gerne mit **Kräutern** und **Gewürzen** in Stimmung gebracht werden. Nun schließt man die Taschen mittels Fingerdruck, bestreicht sie mit **Eigelb**, und wer mag, lässt noch ein bisschen Sesam drüber rieseln. Durch ein paar Schnitte in die Oberseite nehmen die Taschen beim Backen sehr schöne Formen an. Die Taschen brauchen ca. 20 Minuten und schmecken heiß fantastisch, sind aber auch kalt für unterwegs sehr geeignet.

EIN PAAR TASCHEN-FÜLLUNGEN

Achtung – nicht überfüllen! Sie gehen nur aus dem Leim und werden davon nicht schöner.

Zum Beispiel: Eine Dose **Thunfisch** mit einem **Ei** und einem ordentlichen Schluck süßer **Sahne** glatt rühren. Mit **Thymian, Salz** und **Pfeffer** würzen. *Bingo*

Oder:
Auch **Quark** mit geriebenem **Käse**, feinen **Schinkenstreifen, Salz** und **Pfeffer** macht sich als Tascheninhalt hervorragend. Und ein paar kleine **Tomatenstücke** passen hier natürlich auch gut hin.

Und in süß?
Man verknete **Marzipan**rohmasse oder ein weiches Marzipanbrot mit einer Hand voll **Mohn** … schon gewonnen.

Oder:
Quark mit einer zerdrückten **Banane** glatt rühren (wenn's Magerquark ist, kann gut noch ein Schluck Milch oder Sahne dazu), mit Vanillezucker süßen und ab dafür.
Wer zu den süßen Taschen heiße Kirschen,Vanillesoße oder Eis serviert, richtet garantiert keinen Schaden an!!

BLÄTTERPIZZA

Blätterpizzen sind ein exzellentes ›Vorweg‹, aber auch ein wunderbares ›Mitten-in-der-Nacht‹. Außerdem sind sie eine köstliche Möglichkeit, schnelle Gäste abzuspeisen.

Los geht's:
Dem Blätterteig seine paar Minuten Auftauzeit gönnen und ihn dann so ausrollen, dass man mit einer großen Tasse oder einer kleinen Schüssel Kreise ausstechen kann. Wenn die Blätterstückchen aus der Packung dafür zu klein sind, legt man zwei übereinander und rollt sie auf bemehltem Untergrund auf die gewünschte Größe aus. Das Ausstechen geht gut, wenn man Tasse oder Schüssel vorher in Wasser taucht.

STRUDELTRAUM

Heißer Apfelstrudel mit Vanilleeis … Was soll man dazu noch sagen? Wun-der-bar! Jedes Kaffeekränzchen wird damit zum Gelage. Und wenn dann noch Sekt dazukommt, gibt's kein Halten mehr. Da kann man schon mal an einem Nachmittag die Welt neu erfinden. Kein Problem.
Ich glaube, Gott hat das gegessen, als er das Küssen erfunden hat.
Natürlich wird der *echte* echte Strudel in vielen Stunden Arbeit aus dünn gerolltem Spezialteig von alchemistisch veranlagten Müttern gemacht. Aber die sind nun mal nicht immer verfügbar. Auch nicht so schlimm. Der Blätterteigstrudel geht dafür schnell und einfach und steht der Wirkung des Ur-Strudels in nichts nach.

DIE PIZZA-BELEGUNG

Frische **Tomatenscheiben**, die man mit einer in **Olivenöl** und **Salz** zerdrückten **Knoblauchzehe** bestreicht, sind schon mal eine gelungene Blätterpizza-Grundlage. **Käseraspel** werden drunter oder drüber gestreut, **Kräuter** sind willkommen, und natürlich jedes weitere Extra, das einem in die Finger kommt! **Champignonscheiben**, **Anchovis**, **Kapern** oder **Blattspinat** zum Beispiel.
Und sollten zufällig noch ein paar gekochte **Kartoffeln** da sein – hier werden sie zum Glücklichmacher. Dafür werden die Erdäpfel schön fein gescheibt und ohne Tomaten auf dem Teig platziert. Alles, was sie brauchen, ist ein bisschen **Olivenöl**, ein wenig **Knoblauch**, **Salz** und – ganz wichtig – **Thymian** oder **Rosmarin**.
Was für eine Delikatesse!

Die Blätterteigpizzen brauchen ca. 15–20Minuten im mittelheißen Ofen. Wenn man den Rand mit Olivenöl bestreicht, werden sie besonders hübsch. Und wem das alles noch nicht reicht, der kann die fertigen Turbo-Torteletts noch mit Rucola, Walnussstückchen, Parmesanflocken oder feinem Schinken verzieren – ein Fest!

APFELSTRUDEL

Zwei Teigstücke werden übereinander gelegt und per mehliger Flasche oder Nudelholz besonders dünn und sorgfältig ausgerollt. Die angestrebte Form ist ein großes Quadrat.

Die Füllung

Ca.3 Äpfel (am besten Boskop) werden geschält, geviertelt, entkernt und dann zu kleinen Stücken geschnippelt. Und ab damit in eine Schüssel.
Nun kommen ein paar Esslöffel Zucker, ein Schluck Rum und auch liebend gerne ein paar Rosinen dazu. Fertig ist die Strudelfüllung.
Ach ja, Zimt nicht vergessen!

TOP TIPP

Wenn keiner kuckt, kann man die Obstschnippelei auch einfach durch ein Glas Apfelkompott ersetzen – und wenn doch jemand kuckt, natürlich auch.

Die Strudelung

Das ausgerollte Teigquadrat wird mindestens fingerdick mit dem Apfel-Gemisch bestrichen (in jedem Fall einen Rand lassen!) und dann vorsichtig zwei- bis dreimal eingeklappt. Zugemacht wird das Ding mit Eigelb und viel Fingerspitzengefühl.
Wer mag, kann jetzt den ganzen Strudel noch mit Eigelb bepinseln und die Oberseite dekorativ mit ein paar schrägen zarten Schnitten verzieren. Obacht! Je zarter der Teig gerollt wurde, desto delikater, aber auch verletzlicher ist der Strudel! Beim ›Auf-das Backblech-Hieven‹ können gutes Zureden, Geduld und ein Tortenheber helfen.
Der Strudel braucht ca. 30 Minuten mittlere Ofenhitze. Wenn er dann golden und duftend vor einem thront, ist eine kleine Puderzucker-Böe die unumstritten letzte Verfeinerungsmöglichkeit. Vollkommenheit lässt sich nicht verbessern …

… aber variieren.

SPINATSTRUDEL MIT KÄSE

Die Vorgehensweise ist die gleiche wie beim Apfelstrudel. Nur dass die Füllung diesmal eben aus Blattspinat und Schafskäse besteht. Den gefrorenen Spinat lässt man auf kleiner Flamme in der Pfanne mit einem Schluck Wasser und einer Prise Salz behutsam zerfallen. 10 Minuten und ein paar Mal rühren sind dafür nötig. Frisch zerdrückter Knoblauch und auch ein kleiner Schluck Oliven- oder Sesamöl sind herzlich willkommen. Nun bekrümelt oder bestreicht man den Blätterteig großzügig mit dem Käse und platziert darauf, schön gleichmäßig, den Spinat. Auch hier nicht vergessen, einen Rand zu lassen.

Wieder ist das Aufrollen und Verschließen der Superrolle mit viel Sorgfalt vorzunehmen. Der Strudel lässt sich, nachdem er mit Eigelb bestrichen wurde, noch gut und gerne mit Sesam bekrümeln. Schafskäse macht sich in der Füllung wirklich hervorragend, aber niemand soll sagen, dass hier Gorgonzola oder auch Parmesan fehl am Platz wären. Nur eins noch:
Sollte zufälligerweise ein Lachsfilet in der Nähe sein und sich ausgeschlossen fühlen, wird es entweder in kleinen Stückchen zum Mitspielen eingeladen oder aber saftig gebraten dazu serviert.

Ich das du
Für mich bist d
Deine Leichtigke
Wärmst mich w
Schon deine F
DANKE Ich d
an din bewu
Gesicht und
Mein liebe
GANZ goe
das ein l

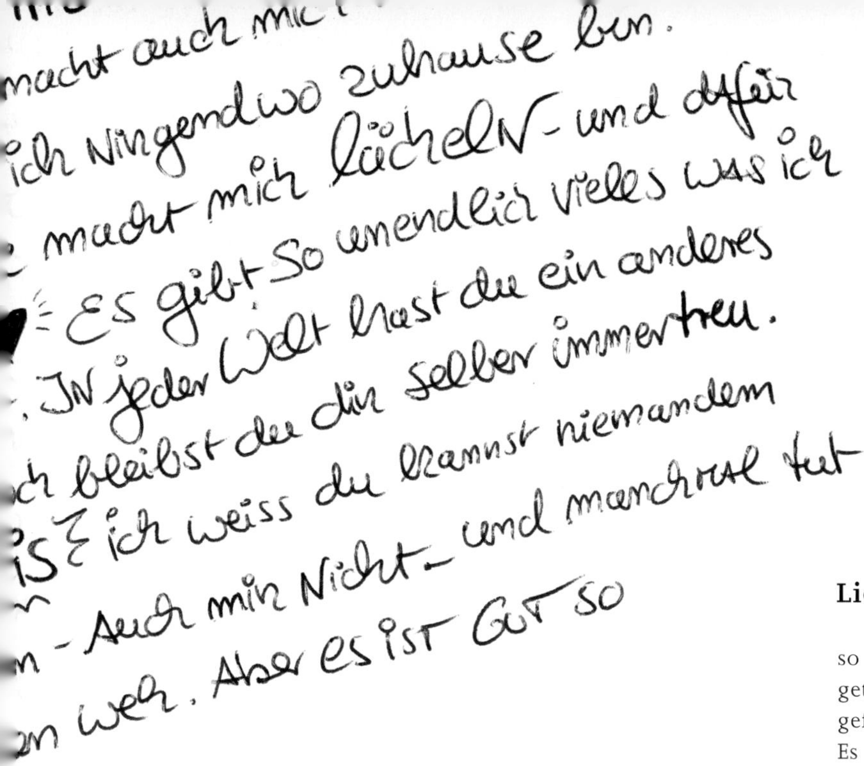

Liebster Mais,

so lange will ich dir schon schreiben, und doch habe ich's nie getan … Vielleicht hat mir einfach die richtige Gelegenheit gefehlt – wahrscheinlich eher der Mut.
Es fällt mir nicht leicht, solche Dinge zu sagen, und wenn meine Worte jetzt stolpern, dann liegt es daran.
Es ist so seltsam, du weißt nicht mal, wer ich bin, und doch kommt es mir so vor, als würde ich dich schon so lange kennen wie mich selbst.
Du warst immer da und bist es auch jetzt, und nicht nur für mich … Ich weiß nicht, ob dir klar ist, wie vielen Menschen auf der Welt du immer wieder Kraft gibst. Wo du bist, da ist die Sonne. Es ist so groß und so einfach. Du machst das Leben schöner, ohne je etwas dafür zu verlangen, und vielleicht auch ohne je irgendwas dafür zu bekommen. Auch deshalb schreibe ich dir. Für mich bist du immer und immer neu.
Deine Leichtigkeit macht auch mich leicht, und du wärmst mich, wenn ich nirgendwo zu Hause bin. Schon deine Farbe macht mich lächeln. Und dafür danke ich dir.
Es gibt so unendlich vieles, was ich an dir bewundere. In jeder Welt hast du ein anderes Gesicht, und doch bleibst du dir selber immer treu.
Mein lieber Mais, ich weiß, du kannst niemandem ganz gehören. Auch mir nicht. Und manchmal tut das ein bisschen weh. Aber es ist gut so. Du bist für alle da.
Ich wünsche dir Sonne und Regen, von ganzem Herzen.
Und wenn es heute Abend Popcorn gibt, werde ich die Augen schließen, und jedes Knacken in meinem Mund wird ein kleines Dankeschön sein.

!"**"· | *;;&/()= *Jovanka*

MAIS AM STIEL

Wenn der Herbst kommt, werden die Blätter bunt, die Wolken wild und die Äpfel lecker …
Und dann, von einem Tag auf den anderen, ist sie da – die Maiszeit. Plötzlich kann man überall die frischen Kolben in ihrer hübschen Blätterverpackung kaufen, oder beim Abenteuerausflug auf dem Feld klauen gehen. Eins ist jedenfalls klar, man sollte sich diesen Genuss nicht entgehen lassen. Einmal im Jahr Mais am Stiel ist mindestens so wichtig wie das obligatorische Spargelessen im Frühling. Nur viel weniger aufwändig. Man braucht die gelben Zapfen nur zu entblättern und dann in viel kochendes Salzwasser zu werfen. Bis die Kolben dann gar sind, dauert es 20 bis 30 Minuten, und schon kann's losgehen. Maiskolben wollen mit den Händen gegessen werden. Und zwar mit ordentlich Butter und Salz. Am liebsten heiß und sofort, aber fast genauso gerne kalt am nächsten Tag oder gegrillt auf der Wiese (am besten vorgekocht).
Ein Geschenk des Himmels.
Wer reinbeißt, weiß sofort, wovon ich rede. Mais am Stiel ist das Zepter des Sonnenkönigs.

CORNFLAKES

Cornflakes tun gut – und nix anderes. Wer Cornflakes isst, hat mehr Spaß am Leben. So einfach ist das. Ob nun mit Milch oder Joghurt ist egal. In jedem Fall muss lecker Obst mit in die Schüssel. Am besten natürlich Erdbeeren und Banane.
Das ist echtes Löffelglück. Unerreicht. Dagegen wirkt jedes Müsli wie eine Moralpredigt.
Und jede Piffpaff-Hightech-Super-Dingdong-Flocke kann getrost im bunten Karton bleiben. Doch damit nicht genug. Auch in pikanter Variante ist die knusprige Maisflocke ein Wunderwerk. Was gebacken gut ist, wird mit einer Käse-Cornflakes-Kruste zur goldenen Offenbarung. Und als Hühnchen-Knuspermantel lassen Cornflakes-Krümel jeden Semmelbrösel geradezu vor Neid erblassen. – Cornflakes, wie macht ihr das? Ich bin stolz auf euch. Und dass ihr meine Frühstückssonne scheinen lasst, auch wenn der Regen in Strömen fällt, das vergess ich euch nie! Gut, dass es euch gibt.
Cornflakes for ever

KNUSPERHÜHNCHEN FÜR ZWEI

Es braucht:
2 Hähnchenbrustfilets, 1-2 Tassen Cornflakes, 1 Ei, 1 Tasse Mehl, Salz und Pfeffer

Die Filets waschen, trocken tupfen und dann in Mehl wenden (das geht gut auf einem flachen Teller). Nun das Ei mit einer Gabel verquirlen und die bemehlten Brüstchen sich darin suhlen lassen (das geht gut in einem *tiefen* Teller). Die Cornflakes in eine Tüte füllen und ordentlich klein bröseln (das geht wunderbar mit dem Nudelholz oder einer leeren Weinflasche). Die bemehlten und be-eiten Filets nun beidseitig in den Cornflakes-Krümeln wenden. Der Knusper-Mantel muss schön angedrückt werden, damit er sich nicht in der Pfanne von selbst wieder auszieht. Ein bisschen salzen und die gekürten Hühnchen nun bei mittlerer Hitze goldig braten (jede Seite 4-5 Minuten). Gepfeffert wird auf dem Teller – nach Belieben. Dazu gibt's einen Salat und gerne auch ein paar kleine fest kochende Kartoffeln. Entzückend.

TOP TIPP

Das Ganze lässt sich natürlich wunderbar für mehr Gäste verdoppeln und verdreifachen! Nur eins ist wichtig: Die Zitronenscheibchen-Orden auf den angerichteten Tellern dürfen auf keinen Fall fehlen – höchstens durch Orangenscheibchen-Orden ersetzt werden.

POLENTA

Ja, ich weiß, ›Polenta‹ klingt irgendwie nach weiblicher Polizei, hat damit aber zum Glück ganz und gar nichts zu tun. Polenta, die auch auf den Namen Maisgrieß hört, ist einfach ein in unseren Breitengraden sträflich vernachlässigtes, aber durchaus liebenswertes Nahrungsmittel, besonders wenn ihre Begleitung aus gegrilltem Fleisch oder Gemüse besteht. Am besten beides und gern mit zwiebeliger dunkler Soße.
Polenta ist herrlich unkompliziert. Sie lässt sich ganz einfach im Topf mit Wasser oder Milch zu einem dicken Brei kochen, der dann als duftender Klacks direkt auf dem Teller landet. Man kann aber auch noch einen Schritt weitergehen! Wer es besonders knusprig mag, streicht den noch warmen Brei auf ein Backblech, wo er in Würde erstarren darf.
In hübsche Teilchen geschnitten, lässt er sich dann ganz einfach in der Pfanne mit etwas Butter von beiden Seiten goldbraun brutzeln. Fantastisch! Diese Extra-Behandlung lohnt sich durchaus und hat außerdem den Vorteil, dass man den Maisbrei schon am Mittag oder Vortag machen kann. Und wenn dann abends das Festmahl naht, geht alles im Handumdrehen. Lecker Goldstückchen. Außen kross, innen weich – und wirklich was Besonderes … *yes, yes, yes!*

CREMIGE POLENTA

Es braucht:
1 Tasse Maisgrieß, 3 Tassen Wasser, ein paar Prisen Salz und einen ordentlichen Klacks Butter

Der Topf kommt auf den Herd, das Wasser in den Topf und die Polenta hinterher, wenn das Wasser kocht. Und zwar mit Gerühre, damit es nicht klumpt. Jetzt das Salz nach Gefühl einstreuen, und wenn der Brei zu blubbern beginnt, die Butter dazu. Die Polenta braucht etwa 20 Minuten und einiges Umrühren, bis sie fertig ist. Man kann sie auch 10 Minuten kochen und dann nochmals 10 Minuten ziehen lassen. Wichtig ist nur, dass sie nicht anbrennt. Also immer schön in Reichweite bleiben. Wenn der Brei zu fest wird, einfach ewas mehr Flüssigkeit zugeben.

TOP TIPP

Das Wasser zur Hälfte durch Milch ersetzen – dann wird die Polenta cremiger. Man kann auch ganz kurz vor Schluss noch etwas Schafskäse einrühren. Das passt perfekt!
Und wer statt Wasser eine gute Gemüsebrühe nimmt, bekommt gleich einen lecker würzigen Maisbrei. Eigene Kräuter- und Gewürz-Kreationen sind natürlich noch schöner, z.B. Thymian und ein paar Olivenstückchen oder, oder, oder …
Wenn der cremige Klacks dann auf dem Teller dampft, kommen eine weitere Butterflocke und vor allem jede Menge frisch gehackte glatte Petersilie wie gerufen. Zu Tisch!

Oder in die nächste Runde …

KNUSPRIGE POLENTA-ECKEN

Der Brei wird hierfür auf die gleiche Weise zubereitet wie die cremige Polenta. Milch braucht es keine, aber ein Schluck Sahne ist gern gesehen. Außerdem darf der Brei ruhig ein klein bisschen fester werden.
Kurz bevor die Polenta fertig ist, bringt man ein gebuttertes Backblech in Stellung. Der dampfende Brei wird dann per großem Löffel fingerdick darauf verteilt und zum Auskühlen einige Zeit in Ruhe gelassen.
Nach ca. 1/2 Stunde ist die Polenta fest geworden und lässt sich leicht in schöne Dreiecke oder Rauten schneiden. Jetzt oder später kann die Pfanne gezückt werden, in der man mit Hilfe von Butter oder Öl in wenigen Minuten die blassen Teilchen in herrlich goldknusprige Mega-Ecken verzaubert.

TOP TIPP

Den ultimativen Kick bringt hier jede Menge fein geraspelter Parmesan, der in den fertigen Brei gerührt wird. Es braucht dann auch fast keine Extra-Gewürze mehr, und auch der Klacks Butter kann kleiner ausfallen oder ganz weggelassen werden.
Eine andere Variante ist, statt Butter oder Käse etwas Sesamöl zu benutzen und das Salz durch Gomasio zu ersetzen (Gomasio ist eine leckere Mischung aus zerstoßenem Sesam und Salz – das gibt's im Bioladen). Vieles geht. Aber Achtung! Zu viele Zutaten verderben den Brei … und daraus sollen schließlich die Goldecken werden. Jetzt aber ab in die Pfanne damit!

MAISMEHL

Noch so ein Geschenk des Himmels!! Rund um den Globus dient es zur Herstellung von Leckereien aller Art. New Orleans zum Beispiel wäre nicht New Orleans ohne sein berühmtes ›Cornbread‹ – Sagenhaft schwer und erstaunlich süß-salzig ähnelt dieses Brot eigentlich eher einem Blechkuchen, was aber keinen Kreolen je davon abhalten würde, es zu fast allem zu essen, was sonst noch so auf den Tisch kommt. Kein Voodoo ohne New Orleans, kein New Orleans ohne Cornbread, so viel steht fest.
Oder Spanien und Portugal.
Die beiden könnten einpacken ohne Maismehl, ist es doch der Grundstoff für all jene herrlichen Cremes und Flans, die mit Karamellsoße serviert den Einheimischen ein geheimnisvolles Lächeln aufs Gesicht zaubern und die scharenweise ahnungslose Touristen in die Sucht treiben.
In Sarajevo wiederum scheint ein aus Maismehl gebackenes Brot als eine Art Friedenspfeife zu dienen. Bei einem Besuch dieser Stadt wurde ich von einer gastfreundlichen Familie mit Händen und Füßen dazu aufgefordert, mir ein Stück von einem gelb-fluffigen Laib zu brechen und es in Milch zu stupsen. War vorher auch jeder Versuch der sprachlichen Verständigung gescheitert – nach diesem Genuss waren keine Worte mehr nötig.
Maismehl ist unerlässlich!
Man braucht bloß mal zu versuchen, sich Mexiko ohne seine Maistortillas vorzustellen und weiß, was ich meine.
Wie kann es da nur sein, dass ausgerechnet hierzulande die Kunde vom gelben Wunderpulver noch nicht angekommen ist? Das muss doch geändert werden!
Zum Beispiel mit fantastischen Sonnen-Crêpes:

SONNEN-CRÊPE

Diese sonnengelben Pfannkuchen, die mit Orangensoße flambiert werden, sind die legitime essbare Übersetzung für das Wort ›Sommer‹.

Die Crêpes brauchen:
1 Tasse Maismehl, 2 Eier, ca. 1 1/2 Tassen Milch, 1 Tütchen Vanillezucker (2-3 Löffel Zucker extra, wenn man mag), 1 Prise Salz, Butter für die Pfanne

Die Soße braucht:
Ca. 1/2 Tasse Zucker, etwas Butter, Saft von 2-3 Orangen (wenn sie ohne Chemie-Keule daherkommen auch gerne ewas abgeriebene Orangenschale) und nach Belieben noch ein Schluck Grand Manier

Die Flammen brauchen:
Etwas hochprozentigen Schnaps (ab 40 % aufwärts), z.B. Rum

Die Crêpe-Macherei:
Alle Zutaten werden in einer Schüssel schön glatt gerührt und in der Pfanne mit Butter zu dünnen Crêpes gebacken. Lieber nicht so große und dafür ein paar mehr Pfannküchlein machen.
Das sieht hübscher aus.
Die Crêpes werden auf den Tellern zu Halbsonnen geklappt und dort genüsslich mit der heißen Soße übergossen.
Und die geht so:

Die Soßen-Rührung:
Butter und Zucker werden in der Pfanne mit dem Saft der Orangen und etwas abgeriebener Schale auf mittlerer Flamme gerührt, bis eine leicht sirupartige Soße entstanden ist. Wenn diese zu karamellisieren beginnt, ist sie bereit für die Mais-Crêpes.
Sobald die geklappten Sonnen-Küchlein nun übergossen sind, bekommt jedes von ihnen ca. einen Esslöffel starken Rum zu spüren, der nun auf der Stelle angezündet wird.

TOP TIPP
Wer diese essbare Urlaubsreise noch mit ein paar hauchdünnen Orangenscheiben verziert, ist bereits auf dem Flug in den Süden.

DOSENMAIS

Also, wenn nichts mehr geht – Dosenmais geht immer.
Im Adrenalin-gesteuerten Alltag ist er der perfekte Erste-Hilfe-Koffer. Zur Not genießt man ihn mit dem Löffel direkt aus der Dose, und wenn doch etwas mehr Zeit sein sollte, zack die Pfanne gezückt und hinein mit den gelben Körnern. Schnell eine zerhackte Zucchini oder Tomate oder beides dazu, einen Löffel loser Lieblingsbrühe drüberstreuen, gern noch eine Hand voll Schafskäse einwerfen und das Ganze, je nach Vorrat und Geschmack, mit Chilisoße, Knoblauch und Thymian würzen.
Jetzt die lecker Mischung noch 5 Minuten rühr-brutzeln – und fertig.
OK, damit gewinnt man keinen Gourmet-Preis – wozu auch, den kann man schließlich nicht essen, dafür gewinnt man ein wohlig warmes Gefühl im Bauch ohne überflüssige Schwerkraft. Was will man mehr?
Natürlich sollte man bei Dosenmais nie an die frischen Kolben denken. Das verwirrt nur. Dosenmais ist einfach leichte Energie, Astronauten-Benzin eben. Das ist alles und das ist viel. Er ist freundlich und treu (weil ewig haltbar) und sogar bei Liebeskummer gut verträglich.

GUTE REISE.

EIN BLICK IN DIE BLITZ-KÜCHE

Nur nicht beeilen, wir haben keine Zeit …«
So oder ähnlich hat mal jemand Kluges gesagt. Stimmt!
Wenn man keine Zeit hat, sollte man um alles in der Welt die Ruhe bewahren, einfach weil es sonst schnell in ein ›Mit-Volldampf-auf-der-Stelle-Rennen‹ ausartet.

Was aber, wenn man nun ausnahmsweise mal genügend Zeit hat?
Nichts spricht dann gegen ein echtes Blitz-Kochen. Am besten bei guter lauter Musik und offenem Fenster – wenn das Wetter mitspielt …
Je schneller man wirbelt, desto intuitiver und mutiger gerät das Blitzgericht. Eine Freude ist das!

Aber Achtung:
Schnell und nicht *hektisch*. Eine kleine Wichtigkeit sozusagen: Vor dem Essen sollte man dringend wieder runterkommen! Kurz hinsetzen, Füße hoch, den Anblick genießen und dann: Essen!
Mit Zeit. Viel Zeit.

ALLES GUTE.

GEWALT BEIM KOCHEN

Harte Zeiten für die Liebe

Oh ja, seinem Essen mit Respekt zu begegnen ist eine gute Sache. Um nicht zu sagen, eine Unerlässlichkeit. Geht man doch mit seinen Nahrungsmitteln eine Beziehung ein, die enger nicht sein könnte.
Und dass es dabei hoch hergehen kann, ist ja wohl auch klar. Manchmal muss eben ein bisschen Gewalt mit im Spiel sein – bei aller Liebe.
Hier geht es immerhin um die totale Verschmelzung. Und wir können noch von Glück reden, dass die Nahrung dabei in *unsere* Form übergeht und nicht etwa wir in *ihre*. Es heißt zwar, ›du bist, was du isst‹, aber ich zumindest bin heilfroh, dass das nur im übertragenen Sinne zutrifft.
Ich möchte wirklich nicht plötzlich zur Gurke werden, oder schlimmer noch, zum Gurkensalat, nur weil es den heute zum Mittagessen gab – um mich dann, wiederum vom Abendbrot getriggert, in einen Lachsauflauf zu verwandeln … Was für eine Horrorvorstellung! Und das dazugehörige Straßenbild möchte ich mir erst gar nicht ausmalen.
Überall wandelnde Riesenwürstchen mit Senfspur, tuschelnde Sandwiches und auslaufende Eintöpfe. Furchtbar!

– Und wie bitte würde das erst riechen; in einer überfüllten Straßenbahn zum Beispiel? Ich jetzt, als Gurkensalat, neben einer Roten Grütze, eingekeilt von drei fetten Dönern. Unerträglich! Schluss damit! Schnell an was Schönes denken – Erdbeertorte, Erdbeertorte, Erdbeertorte …
Gut Ja, es ist wirklich gut, wie es ist. Unsere Nahrung geht in *uns* über und nicht umgekehrt. Und dass wir in dieser engen Beziehung zurückbekommen, was wir geben, liegt ja wohl auf der Hand.
Ein liebevoller Umgang mit den Nahrungsmitteln ist die Grundvoraussetzung für jedes gute Essen. – Aber Liebe muss eben manchmal auch ein bisschen wehtun, damit sie so richtig gut wird. Reines Verhätscheln führt zu sandiger Rohkost oder, schlimmer noch, zu Blümchensex. Auf die Dauer macht das blöd im Kopf, da bin ich sicher. Und auch der geliebteste Geliebte muss manchmal, bei allem Respekt, zu seinem Glück gezwungen werden. So ist das nun mal.

Also:
Unterduckern, Einstampfen, Anzünden und
… natürlich gibt es noch andere ganz wunderbare Formen der Gewalt beim Kochen. So manches Sushi-Häppchen wird schließlich erst durch die berühmte Algen-Bondage zur Prinzessin. Und einige Rouladen lassen sich nicht nur mit Bindfaden fesseln, nein, sie werden auch noch aufgespießt, um während ihrer Garzeit nicht aus der Form zu gehen. So mancher Hefeteig kommt erst in Fahrt, wenn er rücksichtslos durchgeknetet wurde und nur ein windelweich geprügeltes Schnitzel ist ein gutes Schnitzel.
Wichtig bei all dem ist eben, dass die Gewalt mit Liebe angewendet wird. In gegenseitigem Einverständnis sozusagen. Essen mag das. Was hingegen gar nicht geht, ist seelische Grausamkeit, also lustlose Zubereitung und tumbes Hinuntergeschlinge.
Das schmeckt auch gar nicht gut. Sogar ein Käsebrot würde dir das krumm nehmen. Dann doch lieber mit Verzücken unterduckern, einstampfen oder anzünden.

HERRLICH.

UNTERDUCKERN

(MARINIEREN)

Unterduckern, das ist, wenn man im Schwimmbad seinem Lieblingsfeind so begegnet, dass dabei sein Kopf und alles andere von ihm restlos unter Wasser verschwindet. Man nutzt dafür am besten beide Hände und einen unbeobachteten Moment. Das gibt dann ein großes Gezappel und viel Geblubber! Unterduckern ist herrlich aufregend und beeindruckend. Auch wenn der Lieblingsfeind dadurch nicht gerade genießbarer wird.
Nahrungsmittel haben sich da zum Glück nicht so, und einige von ihnen werden von einer ordentlichen Ducker-Behandlung durchaus genießbarer. Man braucht dafür auch nicht extra ins Schwimmbad zu gehen, sondern rührt einfach eine leckere Marinade an. Essen duckern macht fast so viel Freude wie Lieblingsfeind duckern – schmeckt aber besser. Auch wenn man dabei auf das Gezappel und Geblubber verzichten muss.

ANTIPASTI – PRO LECKER!

Herrlich, da liegen sie vor einem, die gegrillten Zucchinistreifen von gestern, und wissen nicht, wohin mit sich.
Ab ins **Olivenöl**. Aber zack zack! Frischen **Knoblauch** dazu, etwas **Zitrone**, **Pfeffer**, **Salz**, ein **Lorbeerblatt** und gerne noch einen **Rosmarinzweig** oder andere Lieblingskräuter der Stunde. Und dann ziehen lassen, brutal und genüsslich. Und Achtung, dies hat nichts mit Gemüse-Sadismus zu tun.
Die gleiche Behandlung bekommt übrigens auch Ziegenkäse-Talern und Oliven ganz hervorragend. Und die Marinade selbst ist natürlich für alle Geschmacksrichtungen offen.
Ob nun **Essig** statt Zitrone, **Rosenpaprika** und **Oregano** statt Rosmarin, oder alles gleichzeitig. Man braucht da bloß seiner Zunge zu vertrauen.
Die kennt den Weg.
Gefeiert werden die gelungenen Werke dann am liebsten mit frischem Weißbrot und rotem Wein. Ich finde ja, auch Jesus hätte ruhig mal an ein paar eingelegte Leckereien denken können. Sein Abendmahl wäre dadurch um einiges aufregender geworden.

DER TAUCHBRATEN

Auch so manches leckere Stück Fleisch wird durch eine Ducker-Behandlung noch leckerer. In einer Schüssel rührt man nach Gefühl **Rotwein**, **Senf**, **Zwiebel**, **Zucker**, **Salz** und **Pfeffer** mit ein paar **Lorbeerblättern** zusammen und lässt dann das auserkorene Filet oder Kotelett gnadenlos darin ziehen. Eine halbe Stunde ist gut. Zwei ganze sind noch besser! Nach dem Tauchgang behandelt man das Fleisch in der Pfanne oder auf dem Grill so, wie man es ohnehin vorgehabt hätte – und wird dafür auf ganzer Linie belohnt.

TUNKE-TOFU

Niemand soll behaupten, dass nicht auch Tofu ein vortrefflicher Tauch-Kandidat wäre. Man schneidet ihn dafür am besten in kleine Würfel und wirft ihn dann in ein Bad aus **Reisessig**, geriebenem **Ingwer** und **Honig** oder: **Balsamico-Essig** und viel frisch gemahlenem **Pfeffer.**
Schon nach 5 bis 10 Minuten eignet er sich hervorragend zum Aufgabeln und adelt auch einen Salat nach bestem Wissen und Gewissen.
Soll der Tofu in der Pfanne landen, ist es eine gute Idee, ihn vorher einzufrieren. Wieder aufgetaut benimmt er sich auf einmal wesentlich bissfester. Und eine Zwangstunke aus **Sojasoße, Honig, Ingwer, Salz** und **Sesamöl** macht aus den kleinen blassen Häppchen endgültig Bratkönige. Hier kann auch gerne etwas **Knoblauch** ins Spiel kommen.
Mit in die Pfanne kann zerhäckseltes Gemüse. Noch Reis dazu?

EINBALSAMIERTER FISCH

Roher Fisch hat nichts dagegen, untergeduckert zu werden. Wahrscheinlich weil ihm das von früher irgendwie bekannt vorkommt.
Wir lassen das mit dem Unterduckern also und reiben ihn lieber mit ein paar scharf-sauren Essenzen und Gewürzen ordentlich ein. Das schockt – und er braucht nur kurze Zeit, um seinen Eigengeschmack um ein paar delikate Extra-Geschmacksnoten zu erweitern.
Das rohe Lachsfilet geht mit gutem Beispiel voran. *Graved Lachs* – soviel ich weiß, von den Schweden erfunden – heißt nichts anderes als ›vergrabener Lachs‹ – und niemand hat je seinen Fisch verbuddelt, ohne ihn vorher ausgiebig einzubalsamieren.
Ich schlage eine delikate Mischung aus **Senfkörnern, Zucker, Öl, Dill** und **Salz** vor.
Nun ist das mit dem Eingraben aber eine heikle Sache. Besser nicht im eigenen Blumenkasten ausprobieren! Und wenn doch, dann nur mit sachkundiger Unterstützung des ›Graved-Lachs-Experten‹. Im Alleingang nimmt man lieber den Kühlschrank, um dem Fisch seine Lagerzeit zu verpassen.
Also, das Lachsfilet (am besten ein ganzes!) wird ordentlich dick mit der Marinade eingerieben, in Frischhaltefolie gewickelt, in eine Auflaufform verfrachtet, mit Untertassen, Besteck oder Steinen beschwert und dann zur Nachtruhe dem Kühlschrank überantwortet.
Vor dem Verzehr wird der Fisch mit gebührender Hochachtung ausgepackt und per scharfem großen Messer in Scheiben geschnitten. Serviert wird er am besten zu gebuttertem Pumpernickel oder frischem Baguette.
Mit einem Extra-Zweig frischem Dill wird aus ihm eine beeindruckende Vorspeise oder ein königliches Katerfrühstück.
Als Getränk dazu ist fast alles zu empfehlen, außer vielleicht Himbeersaft.
Und wer noch eine Soße reichen will, kann hier im Soßen-Kapitel die süße Senftunke finden. Die passt großartig zum Buddel-Fisch.
Ein anderer erstklassiger Balsamierungskandidat ist die Ofen-Lachsforelle (Einblechflosse). Sie macht sich nicht nur ausgesprochen lecker, sondern auch ebenso einfach.
Bei den ›Blendenden Werken‹ steht, wie's geht …

HÜHNCHENSPIESSE eignen sich ebenfalls hervorragend für die Balsamierungsprozedur. Die Filetstückchen werden brutal auf einen spitzen Spieß gesteckt, um dann mit einer Mischung aus **Honig, Senf, gelber Currypaste** und ein wenig **Öl** beschmiert zu werden.
Auf dem Grill unter freiem Himmel brauchen sie nun etwa 10 Minuten, um herrlich kross und saftig zu werden. Man sollte die Spießchen nach dieser rabiaten Behandlung umso zärtlicher genießen. – Am besten mit Erdnuss-Soße (Seite 50).

EINSTAMPFEN
(PÜRIEREN)

Einstampfen ist die wohl schönste Art der Gewalt, wenn es um die Rettung zurückgelassener Nahrung geht. Keine Hemmungen also, wenn es hier brutal wird. Der Nahrungs-Pazifist schmeißt seine braunen Bananen einfach in den Müll. Na toll! Das ist unterlassene Hilfeleistung! Dann doch lieber transformieren und genießen.

ZUM BEISPIEL GEMÜSE

Rabiater Trost für trauriges Restgemüse:
SUPPE

Das Festmahl ist verspeist, und der einzige Hinterbliebene heißt Blumenkohl. Er sitzt in seinem Topf und wartet sehnsüchtig auf Erlösung. Aber gerne! Aus dir mach ich Suppe! Der Gute wird nun direkt in seinem Topf zerdrückt oder püriert, mit etwas **Gemüsebrühe** auf die gewünschte Konsistenz gebracht, nach Belieben mit **Sahne** verfeinert, kurz aufgekocht, abgeschmeckt und schließlich durch frische **Petersilie** und **Muskatnuss** in neue Höchstform gebracht. Wären noch drei Kartoffeln da gewesen, hätten die natürlich auch mitspielen dürfen. Überhaupt funktioniert diese Methode mit so ungefähr jedem traurigen Restgemüse. Frag es einfach, was es will.

Von der Möhre zur Bulette:
BRATLING

Wer keine Suppe mag, kriegt eben was zu beißen. Und die **trockene Schrippe** wird hier auch gleich mit verarztet. Zuerst wird diese in Wasser untergeduckert, dann ausgedrückt und in einer Schüssel per Hand brutal zerfetzt. Nun kommt ein **Ei** dazu, das eingeknetet wird. Sollte noch eine **Zwiebel** rumliegen – fein gehackt wäre sie hier bestens aufgehoben. Jegliches Restgemüse wird nun schonungslos klein gehäckselt und kommt ebenfalls in die Schüssel. Jetzt nur noch ordentlich würzen. **Thymian** oder **Kumin** könnten gut passen. Aus dem zähen Teig werden jetzt Kugeln wie kleine Schneebälle geformt und in **Mehl** oder **Cornflakes-Krümeln** platt gedrückt, bevor sie in der Pfanne in ein paar Minuten von beiden Seiten braun gebrutzelt werden.

Himmlische Erdäpfel:
KARTOFFELMUS

Was kann es Schöneres für gekochte Kartoffeln geben, als eingestampft zu werden? Okay, in Scheiben gegrillt machen sie sich auch sehr gut. Aber Liebeskummer lindern, das kann nur die beste Freundin oder – Kartoffelbrei. Bereits geschält werden die Erdäpfel beherzt im Topf zerstampft mit ewas **Milch** auf kleiner Flamme geschmeidig gerührt und mit ein paar **Butterflocken**, **Salz** und vielleicht noch einer Prise **Muskatnuss** veredelt.
Nun braucht der herrliche Brei nur noch genossen zu werden. Gern in rauen Mengen und genauso gerne mit einem Gemüsebratling als Tellernachbar. Am allerliebsten aber natürlich mit Fischstäbchen.

ZUM BEISPIEL OBST

Letzte Rettung für braune Bananen:
NANA-KUCHEN

Die Bananen sind braun. Da kann man sagen, was man will – schön ist das nicht. Entweder irgendein Trottel, zum Beispiel man selbst, hat die armen Früchte in den Kühlschrank gelegt, darüber ärgern sie sich nun mal schwarz, oder der Zahn der Zeit hat wieder mal ohne Vorwarnung zugebissen. Nun gut. Passiert ist passiert.
Was die Bananen jetzt brauchen, ist eine starke oder zumindest skrupellose Hand und viel Hitze. Ein Bananenkuchen ist hier der einzige und sagenhaft leckere Ausweg aus der Misere. Der Rührteig ist schnell gemacht.

Es braucht:
ca. 4 geschundene Bananen, 1 1/2 Tassen Zucker, 1/2 Päckchen Butter, ca. 3 Tassen Mehl, 3 Eier, 2 TL Backpulver, 1 Prise Salz, 1 Prise Zimt nach Geschmack

Zuerst die Eier mit dem Zucker verrühren, dann kommt die Butter dazu. Backpulver und Mehl vermischen und ab in die Schüssel damit. Die Gewürze folgen auf dem Fuße. Nun wird alles zu einem gleichmäßigen Teig verarbeitet, in dem die traumatisierten Früchte rücksichtslos mit der Gabel zerdrückt und so von ihrem Leid befreit werden. Jetzt kommt der Teig in eine gefettete Kuchenform. Nach ca. 45 Minuten mittlerer Ofenhitze (Vorheizen nicht vergessen) erleben die Ex-Bananen eine Wiedergeburt als ordenverdächtiger Kuchen.

Nana-Kuchen-TOP TIPP
Eine halbe Tasse Mohnkügelchen mitbacken! Herrlich! Auch ein Schluck Rum oder Brandy im Teig eröffnet weitere Horizonte. Zum krönenden Abschluss mit Puderzucker beschneien!

Oder:
In eine ganz andere Richtung geht der Teig mit der abgeraspelten Schale einer unbehandelten Orange und ein paar Spritzern Zitronensaft. Ebenfalls sehr lecker. Außerdem ist diese Extra-Tour die beste Begründung, den gestürzten Kuchen mit saftigen Orangenfilets zu schmücken.

So oder so: Mit einem Extra-Brandy zur Kaffeetafel kann man nicht nur die verärgerten Bananen, sondern auch jeden vernachlässigten Freund versöhnen. *Prost*

Herrlich geschmacksverdreht:
CHUTNEY

Die perfekte letzte Ehre für jede ramponierte Frucht ist es, zum Chutney gemetzelt zu werden. Hierfür wird das Obst nicht nur brutal zerhackt, es wird auch noch im Topf zerkocht – und zwar mit **Zucker, Zwiebel, Essig, Ingwer** und **Salz**, bis es ganz und gar geschmacksverdreht ist.
Das Ergebnis ist eine wunderbar süßscharfe Gewürzkonfitüre, von der schon ein bis zwei Esslöffel genügen, um ambivalente Reisgerichte mühelos und delikat Richtung Indien zu schicken. Auch schmucklos gebratenes Enten- oder Putenfleisch beginnt in Chutney-Nähe zu strahlen und als Tunke für Bratlinge und Frühlingsrollen eignet es sich sowieso. Das Schöne ist: Chutney ist stark, aber geduldig. Fehlt eine Zutat, wird diese einfach durch eine ähnliche ersetzt oder gleich ganz weggelassen. Hauptsache, das Ergebnis ist schön süßscharf.

zum Beispiel:
BIRNENCHUTNEY

Es braucht:
1-2 untröstliche Birnen, 1 Schluck Wasser, 1-2 Löffel klein gemachte Zwiebel, etwas geraspelten Ingwer, großzügig Zucker, ein Schluck Essig, etwas Senf, Chilipulver und Salz

Ein oder zwei angeschlagene Birnen vierteln, vom Kerngehäuse befreien und klein schneiden. Ab in den Topf damit. Ein Schluck Wasser, die Zwiebelstückchen und der geraspelte Ingwer (etwa die Größe einer kleinen Fingerkuppe) folgen. Ein paar Esslöffel Zucker, ein Schluck Essig, ein Löffelchen Senf oder Senfkörner, Chilipulver und Salz kommen hinterher, und nun kochen, und rühren, rühren und kochen bis es zu einer zähen Marmelade wird.

TOP TIPP
Man kann auch verschiedene Fruchtsorten mischen, und sogar verkümmertes Gemüse lässt sich hier sehr gut einbauen. Als Extra-Gespielinnen sind je nach Vorliebe auch **getrocknete Aprikosen, Rosinen, ein Schluck Cherry, Currypulver, Kumin** oder **Knoblauch** herzlich willkommen.
Mal sehen, was die geheime Schatzkammer so hergibt … Aber Achtung:
Nur nicht alles auf einmal. Schön der Zunge folgen. Die kennt den Weg.

Apfelrecycling:
KOMPOTT

Da hat man nun all diese herrlichen Äpfel gekauft, nur um sie gleich darauf wieder zu vergessen. Na klasse. Der nächste Blick in die Obstschale treibt einem die Schamesröte ins Gesicht.

»Um Himmels willen – ihr wartet hier ja schon mindestens eine Woche, tut mir Leid, tut mir Leid …«

Aber nichts da. Zu spät. Keine Entschuldigung der Welt macht aus beleidigten Äpfeln wieder knackige Äpfel. Jetzt muss Hand angelegt werden. Und zwar schnell und rabiat.
Die Früchte werden geschält, von ihren Druckstellen und den Kerngehäusen befreit, klein geschnitten und unter gnadenlosem Rühren im Topf zu einem herrlich duftenden Kompott gekocht. Innerhalb von 10 Minuten ist die Welt wieder in Ordnung, und die Äpfel haben dir verziehen.
Damit die Apfelstücke einkochen und nicht anbrutzeln, gibt man ihnen einen Schluck **Wasser** oder **Apfelsaft**. Ein paar Löffel **Zucker** kommen auch noch dazu, und abgeschmeckt wird mit einer Prise **Zimt** und einem Spritzer **Zitrone.**
Apfelkompott ist grandios zu Kartoffelmus, Milchreis, Leber oder auch direkt aus dem Topf mit nix. Ob kalt oder heiß – dies ist die schönste Begnadigung für die geschundenen Früchte.

Von alten Hasen und vergessenen Männern
SCHOKOLADE

Gemein. Kaum sind die Festtage vorüber, will man von ihren süßen Galionsfiguren nichts mehr wissen. Aber wohin jetzt mit dem einsamen Weihnachtsmann? Und was soll aus dem traurigen Schoko-Häschen werden, das immer noch in seinem Nest auf Zuwendung wartet?
Ganz einfach: ausziehen, klein kloppen und im Tupper-Tank zu den anderen Frostvorräten damit.
Wenn dann die Stunde des Kuchenbackens schlägt, wieder hervorholen und siehe da, plötzlich kann man den verschmähten Ex-Männern und -Hasen wieder mit gebührender Liebe begegnen. Die Schokostückchen passen sich geradezu genial in jeden Rührkuchen ein. Da kann die Blockschokolade einpacken, oder besser, gleich eingepackt bleiben.
Jeder Kuchen freut sich viel mehr über einen Besuch der zertrümmerten Galionsfiguren. Am allermeisten aber freuen sich die Ex-Weihnachtshasen selbst. Schließlich will jeder gebraucht werden. Dafür lässt sich so mancher auch schon mal einstampfen.

ANZÜNDEN

Flammen soo, farbenfroh …
brenn mit mir, la la lichterloh …«
So könnte das Lied vom zerfallenen Kuchen gehen, der wider alle Erwartung zum leuchtenden Abschluss des Festmahls wurde.
Ich gebe zu, indische Witwen würden dieses Lied bestimmt nicht singen, aber entgleistes Gebäck ist wirklich ausgesprochen angetan von einer erlösenden Feuerkrone.

DIE KUCHEN-HAVARIE

Alles hatte so gut angefangen, Freunde waren geladen und als Hauptattraktion des Zusammentreffens war ein selbst gebackener Kuchen geplant. Und dann das. Ein Zeitloch … Plötzlich stehen die Zeiger der Uhr, wo man sie überhaupt noch nicht erwartet hätte, und das Meisterwerk trägt einen dicken schwarzen Mantel. Eine Katastrophe! – Und dann doch wieder ein guter Anlass, die Dinge zum Besseren zu wenden.
Zuerst mal das Fenster auf, und nun wild entschlossen mit dem großen Messer den vergessenen Kuchen von seiner Trauerkruste befreien. Das geht. Aber eine Schönheit ist er hinterher beileibe nicht mehr, und auch von Saftigkeit kann keine Rede mehr sein. Macht nichts. Das essbare Schlachtfeld wird zunächst mal auf kleinen Tellern verteilt und bis auf Weiteres versteckt. Wenn die Gäste dann am Tisch sitzen, kann die Show beginnen.

DIE RETTENDE APFEL-FEUERKRONE

Es braucht:
ca. 3 Äpfel, ein ordentliches Stück Butter, ca. 1 Tasse Zucker, eine Prise Zimt und einen angemessenen Schluck Calvados pro Gast

Die Äpfel werden geschält, geviertelt, entkern-gehäust und dann in schmale Spalten zerlegt.
Nun die Butter mit dem Zucker und dem Zimt in der Pfanne zerlaufen lassen und die Apfelstückchen darin ein paar Minuten behutsam schmoren. Der Zucker darf gern ein wenig karamellisieren.

Den duftenden Apfelzauber nun auf den Tellern mit den verunglückten Kuchenstücken verteilen. Diese werden nun, noch heiß, mit einem ordentlichen Schluck Calvados übergossen, sofort serviert, angezündet und …*Wow*
Wenn das keine 1A Krümel-Kuchen-Rettung ist!
Aber Achtung, dieses Nachtisch-Wunder ist noch heißer, als es aussieht. Wenn die Flammen erloschen sind, also ruhig noch einmal durchatmen, bevor man zum Schlemmen übergeht.
›Gewalt beim Kochen‹ handelt schließlich von der Rettung zurückgebliebener oder verunglückter Nahrungsmittel – nicht von verbrannten Zungen …

TOP TIPP

Für die Feuerkrone kann man statt Calvados auch einen anderen hochprozentigen Liebling heranziehen. Hauptsache er hat mindestens 40 Umdrehungen. Je höher die Drehzahl, desto brennbarer ist er. Ein 80-prozentiger Captain Morgan kann auch schon mal eine Stichflamme hervorrufen … Obacht also!

Eine herrlich flammende Apfelkrone und noch immer nicht im endgültigen Genuss-Nirvana?
Dann eben die Teller, gern solange sie noch brennen, mit einem großen Löffel Vanille-Eis beglücken. Der Schmelz, der sich hierbei entwickelt, lässt garantiert keine Wünsche mehr offen.

Man kann der Kuchen-Havarie natürlich auch ohne Feuerkrone zu Leibe rücken.
Die heißen Äpfel tun ihren Dienst auch ohne Flammenpracht …
nur eben nicht ganz so hübsch.
Noch einfacher geht es mit einer Soße aus geschmolzener Butter, verrührt mit einem ordentlichen Schluck Weinbrand. Auch sie kann einen trockenen Kuchen im Nu geschmacklich wieder auf Vordermann bringen. Vielleicht noch ein paar Rosinen dazu, und dann heißt es: Mund auf, Augen zu …*jaaa*

DAS ESSBARE MÄRCHEN FÜR IHN

Eine saftige Ohrfeige, das war es, was sie verdient hatte. Er musste wirklich Tomaten auf den Augen gehabt haben. Dabei war es doch klar wie Kloßbrühe. Sie war ein Satansbraten, von dem man sich besser keine Scheibe abschnitt. Dabei hatte alles so gut angefangen. Sie war so süß gewesen, hatte ihm Honig um den Bart gestrichen. Natürlich war es ihm gleich etwas sauer aufgestoßen, dass sie ihn immer wieder Apfelbäckchen nannte, doch ihre Mandelaugen waren einfach allererste Sahne, und ihre Komplimente gingen nun mal runter wie Öl. Und dann, gerade als er auf den Geschmack gekommen war, *paff!!* Pustekuchen! Zuckerbrot und Peitsche – das schien nun plötzlich ihre Devise zu sein. Zu allem musste sie ihren Senf dazugeben. Es war nun mal Sauregurkenzeit, da musste man eben kleinere Brötchen backen. Warum nannte sie ihn dann Erbsenzähler? Was sollte das mit dem Pfeffersack?? Und gestern hatte sie ihm dann Korintenkacker hinterhergerufen. *Korintenkacker* ... Das musste man sich mal auf der Zunge zergehen lassen. Dabei war sie es doch, die sich immer die Rosinen aus dem Kuchen pickte. Nein, es war wirklich kein Zuckerschlecken mit ihr. Was bildete sie sich überhaupt ein? Sie ruhte sich ja doch nur auf Lorbeeren aus, die nicht mal ihre eigenen waren.
In ihrem Inneren musste es aussehen wie Kraut und Rüben. Und nicht nur in ihrem Inneren. Wenn man mal genauer hinsah ... aber man soll ja nicht Apfelbäckchen mit Birnen vergleichen. Und überhaupt, wer hatte je eine Birne mit Orangenhaut gesehen.
Nein, genug davon, er wollte jetzt nicht bitter werden. Sie war eben eine harte Nuss, und er hatte nicht vor, sich weiterhin die Zähne an ihr auszubeißen. Dumm wie Brot, das war sie. Vielleicht ... naja, wahrscheinlich nicht. Er hatte wirklich daran zu knabbern. Hatte sie sich denn anfangs nur von ihrer Schokoladenseite gezeigt, um ihn anzufüttern, um ihm später umso besser ihre Geschmacklosigkeiten reinzuwürgen? Ach du dickes Ei. Und heute Abend waren sie nun bei den Zwiebeltürmen verabredet; er wusste, es würde diesmal um die Wurst gehen, und mit einem Mal hatte er das alles schrecklich satt.
Draußen begann der Schnee zu fallen. Er ging zum Kühlschrank und nahm sich ein großes Erdbeereis.
Friede, Freude, Eierkuchen, von wegen. Eine saftige Ohrfeige, das war es, was sie verdient hatte.

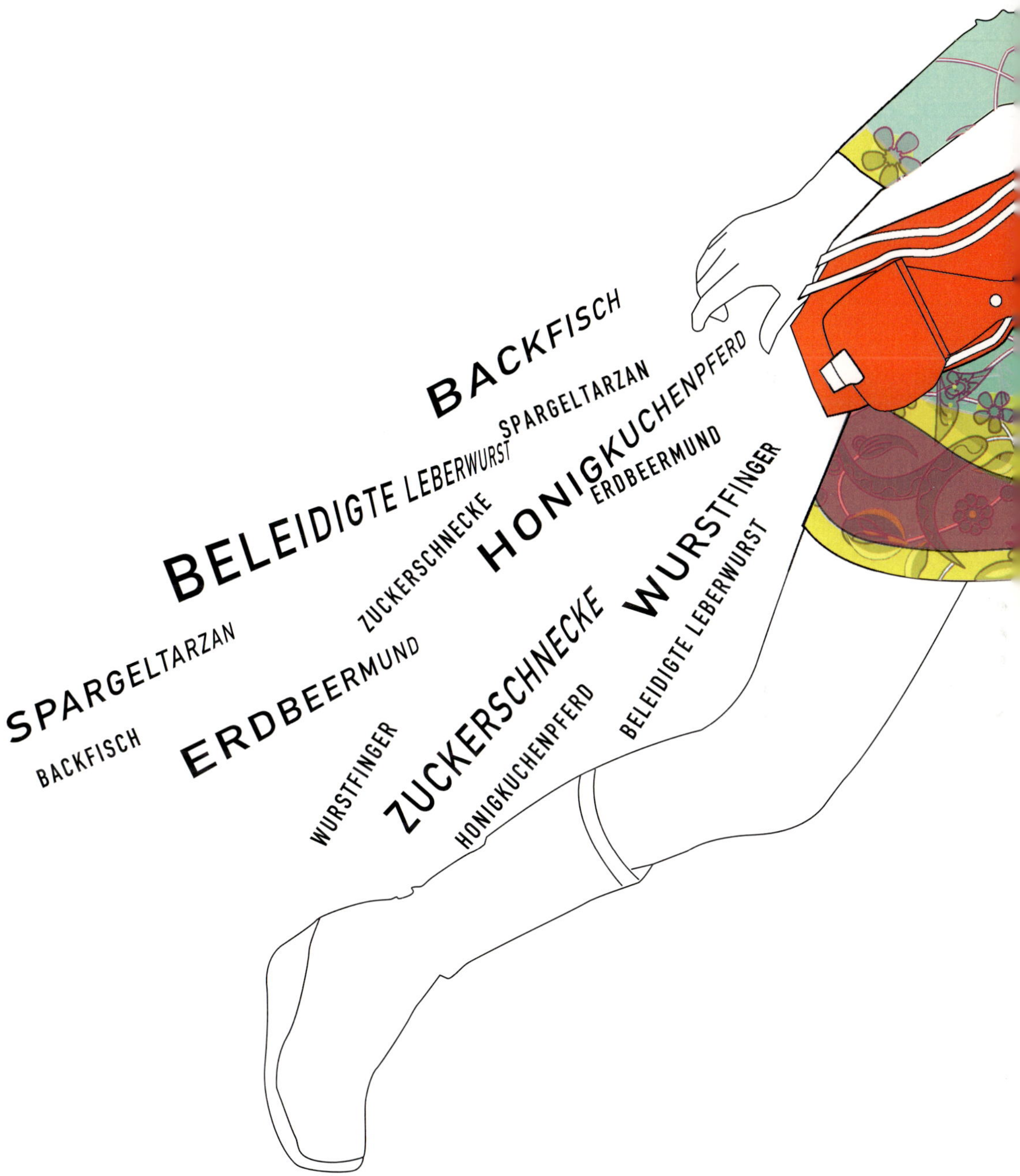
BACKFISCH
SPARGELTARZAN
HONIGKUCHENPFERD
BELEIDIGTE LEBERWURST
ERDBEERMUND
ZUCKERSCHNECKE
HONIG
WURSTFINGER
BELEIDIGTE LEBERWURST
SPARGELTARZAN
ERDBEERMUND
ZUCKERSCHNECKE
BACKFISCH
ERDBEERMUND
WURSTFINGER
ZUCKERSCHNECKE
HONIGKUCHENPFERD

SATANSBRATEN
ERBSENZÄHLER
APFELBÄCKCH
PFEFFERSAC
ERBSENZÄHLER
APFELBÄCKCHEN
PFEFFER
SATANSBRATEN
MANDELAUGEN
KORINTENKACKER
KORINTENKACKER
MANDELAUGEN

DAS ESSBARE MÄRCHEN FÜR SIE

Nein, mit ihr war wirklich nicht gut Kirschen essen! Hatte er denn tatsächlich geglaubt, sie würde sich so einfach die Butter vom Brot nehmen lassen?

Er sollte bloß nicht noch einmal versuchen, ihr in die Suppe zu spucken. Die war jetzt ohnehin versalzen.

Dennoch – sie musste sich eingestehen, dass sie immer noch von einem ungeheuren Appetit auf seine Apfelbäckchen geplagt wurde.

Sie spürte, wie ihr bei dem Gedanken an ihn das Wasser im Munde zusammenlief, aber das machte den Kohl jetzt auch nicht mehr fett.

In der Kürze liegt die Würze. Waren das nicht seine eigenen Worte gewesen? Im Grunde war es doch ziemlich altbacken, was dieser milchgesichtige Spargeltarzan so von sich gegeben hatte. »Bloß nichts anbrennen lassen!« Von wegen! Da konnte er sich jetzt ein Ei drauf backen. Selbst ihre Mutter hatte ihr geraten, nun endlich ›Butter bei die Fische‹ zu machen. Und nun hatte sie den Salat. Er fühlte sich wie die Made im Speck. Und um ehrlich zu sein, sah er auch langsam so aus. Das alles lag ihr schwer im Magen. Und dann behauptete er auch noch, das wäre ganz alleine ihr Bier.

Es hatte einfach keinen Sinn, weiter um den heißen Brei herumzureden, der so oder so schon von zu vielen Köchen verdorben war. Sollte er doch die beleidigte Leberwurst spielen.

Dass sie ihm auf den Keks gehe, würde sie sich nicht noch einmal anhören. Hinterher nannte er sie dann wieder seine Zuckerschnecke. Nein, vielen Dank. Ihr schmeckte das alles überhaupt nicht mehr. Sie war ja schließlich kein Backfisch, dem man ein Ohr abkauen konnte. Nun, vielleicht hatte sie manchmal den Mund etwas zu voll genommen, aber er war auch wirklich aalglatt gewesen. Sie wusste, er wartete jetzt bei den Zwiebeltürmen auf sie. Sie würde nicht hingehen. Sie sah ihn vor sich, spürte geradezu, wie er mit seinen Wurstfingern über ihre Pfirsichhaut strich, um dann gierig ihren Erdbeermund zu küssen. Immer und bei allem grinsend wie ein Honigkuchenpferd. Da konnte es einem ja hochkommen. Und während draußen der Puderzuckerschnee sanft und leise die Stadt und ihre Zwiebeltürme bedeckte, ging sie zurück zu ihrem Kühlschrank und gönnte sich eine große Knackwurst. Die hatte wenigstens keinen faden Nachgeschmack. Sollte er doch bleiben, wo der Pfeffer wächst.

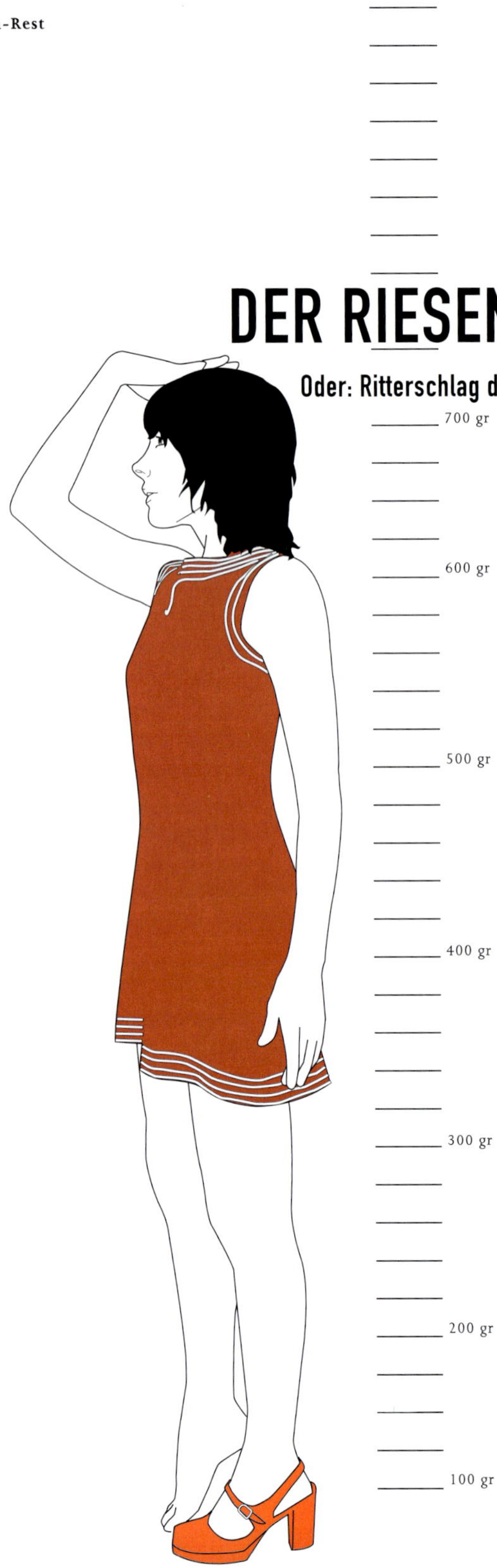

DER RIESEN-REST

Oder: Ritterschlag der Resteküche

Wie wär's damit: Liebe ist, das Gute zu sehen und das Beste daraus zu machen. *yeah!* Das klingt wichtig! Und herrlich aufgeblasen noch dazu …

Aufs wahre Leben übertragen gestaltet sich das Ganze auch leider um einiges komplizierter, als es klingt.

Also ersetzen wir mal dieses große Wort ›Liebe‹ durch ein etwas kleineres, nämlich ›kochen‹, und sofort wird eine denkbar einfache und leckere Sache daraus. Hunger ist da und was zu essen auch. Schon mal gut! Jetzt noch schnell ein bisschen verliebt gucken, ein paar freundliche Handgriffe und *simsalabim*, wohl bekomm's.

Besonders einfach und schnell geht das mit dem so genannten Riesen-Rest. Der Riesenrest ist das, was vom gestrigen Festmahl noch übrig ist, und zwar als Einziges – und in rauen Mengen. Okay, Gemüse wird mit ein bisschen liebevoller Gewalt zu Suppe oder Chutney gemacht, Kartoffeln werden gemust oder in Scheiben auf dem Backblech mit gutem Öl zu erlauchten Goldtalern gebrutzelt.

Aber was ist mit dem Berg Nudeln? Da liegen sie im Topf, perfekt al dente gekocht, nur leider kalt und eben viel zu viele für den Happs zwischendurch. Und was wird aus dem übrig gebliebenen Reis? Ein halber Topf voll kaltem Reis ist nun mal nicht besonders sexy. Da muss doch was zu machen sein … Ist es auch! Abhilfe naht:

Vorhang auf für die blassen Riesen!

NUDELN

Handelt es sich bei den übrig gebliebenen Nudeln um Spaghetti, so sind **süße Nudel-Nester** zu empfehlen.
Die langen Lulatsche werden einfach karamellisiert und dann häufchenweise verknuspert. Dazu erhitzt man unter viel Gerühre eine Tasse **Zucker** in der Pfanne, bis ein hellbrauner Sirup entstanden ist. Nun wirft man zwei Hand voll Spaghetti hinterher und rührt weiter, bis alles schön karamellig brutzelt.
Wenn es so weit ist, runter vom Herd mit der Pfanne und gabelweise Portionen rausfischen, die sofort zu Nestern verdreht auf einem großen Teller Platz nehmen dürfen.
Die Nester brauchen dann ein wenig Zeit, um abzukühlen. Gerade so lange, wie es dauert, eine Vanillesoße zu kochen, das Apfelmus- oder Kirschglas zu öffnen und viele Teller für ein süßes Frühstück mit Freunden auf den Tisch zu stellen.

Natürlich können die Spaghetti auch einfach tatkräftig eine Gemüsepfanne unterstützen oder mit etwas Butter und viel Käse gebraten für eine herrlich durchschlagende Bauchwärme sorgen. Jetzt bloß noch ein paar Schnittlauchröllchen und frisch gemahlenen Pfeffer dazu reichen, um die Nudeln endgültig vom Riesen-Rest in ein neues Festmahl zu verwandeln. Die Käsepfanne macht sich sogar noch besser mit anderen Nudelsorten, z.B. Makkaroni.

Und dann wäre da noch der:

NUDELSALAT!

Als Erstes muss natürlich jedes frühkindliche ›Nudelsalat-Trauma‹ aus dem Fenster geworfen werden. Jede Erinnerung an hässliche Plastik-Tröge voll mit majonäseverklebten Weichnudeln und erst recht an den furchtbar schmatzenden Klang der darin rumwühlenden Kelle muss komplett gelöscht werden. Nein, nein, nicht halb. Ganz und gar weg damit! Einfach das Fenster schön weit auf und raus damit. Gelöscht? *Gut*

Dann kann's losgehen:
Wir sind also im Besitz herrlich al dente gekochter, kalter Nudeln – eben der wunderbaren Grundlage für einen fantastischen Nudelsalat. Alles, was wir sonst noch brauchen, sind ein bis drei feste **Strauchtomaten**, ein paar frische Kräuter wie **Basilikum**, **Schnittlauch** oder **Dill** und gerührten **Joghurt**. Frisch gemahlener **Pfeffer** und eine Prise **Salz** sollten auch nicht fehlen, und wer mag, hebt die Geschmacksspitzen zum Schluss noch mit einem Spritzer **Zitrone**. Dazu erfinden geht immer. Die Nudeln kommen in eine schöne Schüssel und werden mit dem Joghurt verrührt. Tomatenwürfel folgen, die Kräuter kommen hinterher, es wird gewürzt und abgeschmeckt, und das Ergebnis ist tausendmal leckerer als diese Beschreibung. Ehrenwort!
Hier kommt eins der tollsten Sommergerichte, das natürlich auch im Winter schmeckt.

Auch einen Versuch wert:
ist in jedem Fall die Variante mit etwas gutem **Olivenöl** statt dem Joghurt; dafür mit **Mozzarellawürfeln** und ein wenig Saft von einer **Orange** oder **Zitrone**. Das Ganze pfeffern, salzen und frisch bekräutern, zack, da haben wir den Nudelsalat. Und was für einen.

Süße Variante:
Aber ja, das geht in süß genauso gut und auch gern schon zum Frühstück! Jetzt doch lieber wieder zum **Joghurt** greifen, geschnittene **Aprikosen** und ein Päckchen **Vanillezucker** zu den Nudeln und *Wow*
Kernlose **Weintraubenhälften**, **Mandelsplitter**, **Birnenstückchen** und **Kirschen** aus dem Glas sind willkommene Improvisationsteilnehmer.
Ein Königreich für kalte Nudeln!

REIS

Auch gekochter Reis vom Vorabend ergibt ein herrliches Frühstück mit Joghurt und Früchten. Hier wirken Bananenstückchen und Erdbeeren wahre Wunder. Aber auch Pflaumen aus dem Glas. Und natürlich Papaya, Mango, Ananas ... Was, nichts davon im Haus? Macht nichts. Für dieses Morgenmahl lohnt es sich sogar, noch halb verschlafen einkaufen zu gehen.

WUNDERTÜTEN

Diese exquisiten Reistütchen sind nicht nur erstaunlich knusprig und sagenhaft lecker, sie machen auch ordentlich was her. Und der ganze Zauber dauert mit allem Drum und Dran gerade mal 30 Minuten. Na gut, ein Schnellschuss ist das nicht gerade, aber hey – die paar extra Minuten lohnen sich. Und wie!

Zum Knuspern braucht es:
Frühlingsrollenblättchen aus der Asialaden-Tiefkühltruhe, 1 Eigelb

und für die Füllung:
gekochten Reis, etwas Gemüse nach Geschmack, ein wenig klein gehackte Zwiebel, eine Prise lose Brühe, gern ein bisschen Weißwein, Lieblingskräuter (am besten frisch) Salz und Pfeffer zum Abschmecken, ein Schluck gutes Öl für die Pfanne und mal sehen, was sonst noch passt

In der Pfanne werden die Zwiebelstückchen mit etwas gehäckseltem Gemüse (vielleicht Zucchini, Pilze oder Aubergine) in ein wenig gutem Öl angedünstet. Dann kommt der Reis dazu. Es folgen eine ordentliche Prise loser Brühe und die anderen Füllungskandidaten. Jetzt braucht das Ganze nur noch kurz zu schmurgeln und fertig ist die Wundertütenfüllung.
Die aufgetauten Frühlingsrollen-Blättchen werden nun mit 1–2 Esslöffeln Reismischung beschenkt (wenn es die großen Blättchen sind, halbiert man sie vorher), die Ränder werden per schnellem Finger mit Eigelb bestrichen und nun klappt man die Teig-Ecken einfach so übereinander, dass kleine Päckchen entstehen. Wer mag be-eigelbt oder be-ölt die Päckchen auch noch von außen ein wenig. Das hilft ihnen beim Anbräunen.
Auf dem Backblech (am besten auf Backpapier) brauchen die Wundertüten ca. 15 Minuten bei starker Ofenhitze. Dazu kann es Salat geben oder Grilltomaten, die gleich mit auf dem Blech gelegen haben. Sehr gern auch saure Sahne zum Einstupsen und natürlich den restlichen Wein.

TOP TIPP
Die Knusperlinge lassen sich natürlich liebend gern in die unterschiedlichsten Geschmacksrichtungen schicken.

Nette Kollegen in der Reisfüllung sind zum Beispiel:
- Mozzarella, Dill und Kapern
- Oliven, Parmesan und Rosmarin
- Schinken, Sesam und Petersilie
- Curry, Rosinen, Kardamom

Oder, oder, oder.

Und ja, wer gerade keinen Reisrest hat, kann für diese Spezialität natürlich auch einen neuen Topf Reis aufsetzen. Wohl bekomms!

ACHTUNG GLÜCKSKEKS!

Hier spricht ein Frühlingsrollen-Blättchen-Fan – die zarten Kleinen sind nämlich genial! Sie sind nicht nur hauchdünn und schön strapazierfähig, sondern dabei auch kein bisschen fettig. Außerdem lassen sie sich nach dem Auftauen auch sofort und ganz ohne Ausrollen füllen.
Knusperleicht!
Eine 1A Alternative also zum ebenfalls leckeren, aber sehr viel schwereren Blätterteig.
Beim nächsten Einkauf im Asia-Markt in jedem Fall dran denken!
Übrigens: schon mal **Glückskekse** selbst gemacht?
So gehts: die Teigblättchen diagonal schneiden, ein paar Zettelchen mit wichtigen Wahrheiten beschreiben, je einen auf ein Teig-Dreieck legen, dieses einklappen, mit Zuckerwasser bestreichen und 10 Minuten im Ofen knusprig backen …

Sweet, soft und hmmmm …

REISPUDDING

Eine herrlich kokosige Süßspeise mit Suchtfaktor!
Ein bisschen rühren, ein bisschen lecker-schmecken, und fertig ist der Zauberbrei.

Es braucht: gekochten Reis, etwas Milch, etwas Kokosmilch, Zucker, Rosinen, zerkleinerte Pistazien (oder Mandelsplitter), grünen Kardamom, Zimt und nach Belieben noch Muskatblüte und Sternanis

Der Reis kann gleich bleiben, wo er ist, im Topf also. Dort wird er auf kleiner Flamme hingebungsvoll gerührt und dabei schluckweise mit Milch verwöhnt, bis ein dicker, schöner Reisbrei entstanden ist. Dieser wird großzügig gesüßt, mit Zimt und Kardamom betörend abgeschmeckt und wohlmeinend mit Rosinen und Pistazien beglückt.
Nun braucht der Reisbrei bloß noch 5 bis 10 Minuten leise vor sich hin zu blubbern, dabei hin und wieder mit Kokosmilch nachgefüttert und ausdauernd umgerührt zu werden – und schon ist er bereit, selbst den verwöhntesten Süß-Schnabel in grenzenlose Verzückung zu versetzen. Wie das schon duftet … sagenhaft!

Wer die dazu nötige Willenskraft aufbringt kann diesen Genuss auch noch variieren – wenn nicht sogar noch steigern. Der Reispudding wird dafür in eine Schüssel gefüllt, wo er Zeit bekommt, in Würde zu stocken.
Gut gekühlt und mit Zimt und Sternanis geschmückt ist dieses Dessert reif für die Königsriege.

TOP TIPP

Die Muh-Milch kann nach Belieben auch durch Soja oder Reismilch ersetzt werden und:
Wer braucht Weihwasser? Ein Schluck Rosenwasser segnet diese Süß-Speise und macht jeden Genießer selig.

VIEL GLÜCK.

BROT

der blasseste Riese von allen

Der blasseste aller Riesen heißt ganz unbestreitbar Brot. Und dabei geht es nicht etwa nur um die Farblichkeit. Ist das Brot erst mal trocken, sagt es einem einfach rein gar nichts mehr. Stumm, still, aus die Maus. Was soll einem dazu noch einfallen? Ich rede schließlich auch nicht mit der Wand (und wenn, will ich dabei nicht erwischt werden). Trocken Brot, wie das schon klingt … Die verwaisten Brötchen von gestern Morgen haben es da noch am besten. Im Ofen aufgebacken oder in der Pfanne gepressschmort, gibt es für sie zumindest noch Hoffnung. Spätestens beim graukrustigen Trockenlaib aber gehen die guten Geister woanders essen. Vom Schwarzbrot-Brikett will ich gar nicht erst anfangen. Damit kann man dann wirklich bloß noch den Rotkäppchen-Wolf-Bauch beschweren. Egal. Vielleicht schaff ich es ja beim nächsten Mal daran zu denken, dass man auch halbe Brote kaufen kann.
Bis es so weit ist, erst mal zwei lecker Retter in der Not, die versöhnlicher nicht sein könnten. Hier kommen *King Brotpudding* und die *Armen Ritter*!
Und wer hat sich das ausgedacht? Irgendeine wunderbare Ur-Omi natürlich. Und wieso?
Weil damals gar nicht zur Diskussion stand, Sachen in den Müll zu kegeln, nur weil sie nicht mehr der Erwartungshaltung entsprochen haben! Die Opis zum Beispiel.
Ja – damals hat man auch noch für *immer* geheiratet.
Genau! Zum Glück ist *damals* schon lange vorbei. Freiwilligkeit ist doch ein wundervolles Zauberwort. Ein dreimal Hoch also auf das Hier und Jetzt und ein großes warmes Dankeschön an alle Ur- und Omis, die uns je aus Nichts und wieder Nichts was Leckeres gekocht haben.

BROTPUDDING

Höchstwahrscheinlich gibt es so viele originale Brotpudding-Rezepte, wie es Ur-Omis gibt – oder gab. Und dann noch mal so viele, die sich im ›Stille-Post-Verfahren‹ entwickelt haben.
Gut so. Ein Original für jeden!
Im Grunde geht es bei diesem Gericht immer darum, trauriges Trockenbrot zu trösten, indem man es im Kochtopf mit Milch, Zucker, Eiern und Butter in eine gnadenlos leckere Süßspeise verwandelt. Ob jetzt noch Rosinen mitspielen, die Milch mit Sahne vermischt wird oder ein Ei mehr oder weniger im Topf landet, bleibt jedem Original selbst überlassen.
Hauptsache, am anderen Ende wartet der leckerste Brotpudding der Welt auf einen. Süß und schwer und ausgesprochen gerne mit Kompott oder Vanillesoße.

Es braucht:
Trocken Brot (weiß, grau oder am besten eine Mischung aus beidem), Milch, Zucker, Eier und Butter, 1 Prise Salz

So geht's:
Das Brot wird klein geschnitten, von allzu groben Krusten befreit und im Topf mit reichlich Milch aufgeweicht. Wenn sich die Krumen voll gesogen haben, sollte immer noch etwas Extra-Milch im Topf sein, so dass sich der Teig gut rühren lässt. Auf einen halben Liter Milch kommen gerne 4-6 Esslöffel Zucker, dazu eine Prise Salz, ein Stückchen Butter und 1-2 Eier. Aber erst mal die Mischung ohne Eier – dafür mit viel Gerühre – aufkochen lassen. Schön vorsichtig, damit nichts anbrennt.
Wenn alles ein paar Minuten gemächlich vor sich hin geblubbert hat, kommt das vorgequirlte Ei in den Topf. Wo es gründlich mit der süßen Brotmasse vermischt wird. Noch einmal bis zehn zählen und – fertig.

Der Brotpudding kommt noch dampfend auf die Teller und wird mit kaltem Kompott zur Offenbarung ersten Grades.

Brotpudding-TOP TIPP
Ist die Mischung etwas fester geraten, kann sie auch in eine kalt ausgespülte Pudding- oder Kuchenform gefüllt werden. Das Ganze lässt sich dann im erkalteten Zustand schön stürzen. Eine Vanillesoße, vielleicht mit ein paar Mohnkügelchen, ist die vortrefflichste Ergänzung für diese Variante.

ARME RITTER

Gleich noch ein sagenumwobenes Beispiel für die Metamorphose vom Reste- zum Beste-Essen. Und was für eins. Wo immer die Ritter auftauchen, haben sie augenblicklich eine treue Gefolgschaft, die sich nur schwer wieder abschütteln lässt. Vorsicht also. Wer die Knusperjungs einmal serviert hat, riskiert, dass Freunde zukünftig ihr Brot vorsätzlich vertrocknen lassen, nur um einen dann einmal wöchentlich zur ritterlichen Tafelrunde zu laden. Als Koch wohlgemerkt! Denn eins ist sicher: Arme Ritter schmecken am besten, wenn man sie nicht selber macht, sondern wenn sie wie von Zauberhand vor einem auf dem Teller landen. Am besten in Begleitung von Apfelkompott.
Wie zu Omis Zeiten eben.

Es braucht:
Trockenes Toast- oder Weißbrot, ca. 1/2 Tasse Milch, 2 Eier, 1-2 Löffel (Vanille-) Zucker, 1 Prise Salz und etwas Butter für die Pfanne

Und so geht's:
Alle Zutaten, außer dem Brot, werden in einer flachen Schüssel glatt gerührt. Wenn es sich um vier Scheiben Brot handelt, braucht es zwei Eier, gut 1/2 Tasse Milch und zwei Löffel Zucker. Das Ganze kann natürlich gerne verdoppelt und verdreifacht werden! Jetzt werden die Trocken-Scheibchen nur noch kurz durch die Masse gezogen, bevor man sie dann in der Pfanne in wenigen Minuten von beiden Seiten golden brät.

TOP TIPP

- Ahornsirup passt dazu am besten!

- Wer zwei Weißbrotscheiben vor dem Ausbacken mittels Marmelade, Schoko- oder Nuss-Mus zusammenklebt, macht die Ritter reich, und wer sie nach der Ei-Tunkung noch in Semmelbröseln, Keks- oder Cornflakes-Krümeln wälzt, verleiht ihnen eine ausgesprochen delikate Knusper-Rüstung.

- Die Ritter kann man auch in ›Kau-Boys‹ verwandeln, indem man einfach Grau- oder Schwarzbrot verwendet! In diesem Fall wird die Eimasse mit Salz statt mit Zucker zubereitet und Gewürze wie Pfeffer, Paprikapulver oder Muskat sind herzlich eingeladen. Dazu passen dann Tomatenscheiben und ja – ein kaltes Bier.

PICK*NICK

Wenn der Himmel grau und kalt ist, ist eine Tüte Trockenbrot der einzige Proviant, der mit an den See kommt. Die schwimmenden Piepmätze macht das satt und glücklich. Und weil Glück bekannterweise ansteckend ist, wird man selber auch ganz froh davon. Und weil satt sein leider überhaupt nicht ansteckend ist, geht man nach der großen Fütterung am besten in das Parkcafé und tröstet sich mit einem großen Stück Kuchen und einem lecker Heißgetränk.
Zu dumm, dass man immer noch und trotz anders lautender Schwüre in einem Land lebt, in dem man sich zwei Drittel des Jahres sagen muss:
»Es gibt nur falsche Kleidung …«
Naja, selber schuld. Doch nun zum Pick*Nick. Sollte nämlich gerade Sommer sein, jenes magische Drittel des Jahres also, in dem die Tage warm und lang und die Nächte kurz und schön sind, *dann* kriegen nicht nur die Vögelchen ein vortreffliches Freiluftmahl serviert, sondern vor allem *wir selbst*.
Picknick heißt schließlich nichts anderes als Festmahl im Freien.
Und da gibt es viele wunderbare Spielarten. Fast alle beginnen mit dem Rotkäppchenkorb in der Küche, aber längst nicht alle enden auf der Wiese am See.
Picknick auf dem Dach zum Beispiel geht mindestens genauso gut.
In diesem Fall muss sich das Federvieh eben ein bisschen gedulden.
Halb so schlimm, liebe Schwimm- und Flugvögel! Nächstes Mal kommen wir wieder an den See zum Picknicken. Versprochen. Bis dahin hat sich bestimmt auch wieder jede Menge trocken Brot für euch in unserer Küche angesammelt.
Vorfreude ist schließlich die schönste Freude. *Piep*

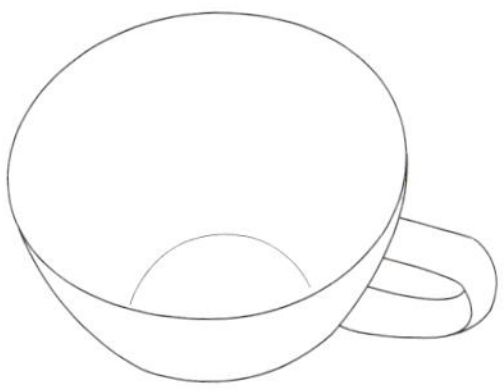

DER KLASSIKER

Ohne Rotkäppchenkorb und karierte Wolldecke läuft hier schon mal gar nichts.
Na gut, die Karos müssen nicht unbedingt sein, aber eine große Decke, die man nach Herzenslust bekrümeln kann, ist unerlässlich. Was wäre das schönste Picknick ohne anschließendes Rumliegen in ausufernder Krümel-Zufriedenheit?

Der Korb braucht:
Harte Eier, Thermoskannen-Kaffee, gewaschene Radieschen, frisches Krustenbrot, 1 Lieblings-Schnittkäse, 1 ganze Salami, 1 Flasche Rotwein, 1 Obstsalat und ...?

Die Ausrüstung
1 Thermoskanne, 1 Brotbrettchen, 1 großes Messer, Gabeln, Becher, Teller (zur Not aus Pappe), 1 Salzstreuer, 1 Korkenzieher, Servietten

TOP TIPP
So richtig, richtig klassisch wird es, wenn auch noch gebratene Hühnchenschenkel oder Frikadellen mitkommen dürfen! Es gibt doch sicher einen Freund, der die gerne beisteuert? – Hauptsache, er vergisst den Senf nicht.

JETZT ODER NIE!

Manchmal duldet ein Picknick keinen Aufschub, z.B. wenn sich die Sonne mitten im verregneten Sommer spontan zu einem Gastspiel entschließt. Jede Minute, die jetzt für Obstschnippeln oder Eierkochen draufgeht, ist verlorene Zeit. Wer weiß schon, wann es sich der Himmel wieder anders überlegt? Jedes Loch in der Wolkendecke sollte hemmungslos ausgenutzt und genossen werden. Also nur das Allernötigste einpacken und nichts wie raus! Das Meiste kann man unterwegs besorgen.

Es braucht:
Cherry-Tomaten, Weintrauben oder ein anderes Lieblings-Obst vom Gemüsemann, Baguette vom Bäcker, Brie, Schinken, Schokoladenkekse, Bier vom nächstgelegenen Supermarkt, Kaffee vom Café im Park und …?

Die Ausrüstung
Auf die Decke kann auch hier nicht verzichtet werden, aber sonst auf fast alles.
Ein Taschenmesser, ein Schneidebrettchen und Papierservietten reichen vollkommen für das Instant-Glück im Sonnenfleck!

TOP TIPP
Ein feuchtes Handtuch zum Obstabwischen mitnehmen. In einer Plastiktüte lässt es sich gut transportieren.
Das Einpacken dauert nur drei Extra-Sekunden, und Trauben und Tomaten sind abgewaschen einfach besser.

FULMINANT

… Darf's noch etwas mehr sein? Wenn Zeit, Wetter und Lasten-Esel mitspielen, spricht natürlich überhaupt gar nichts gegen ein überbordendes Picknick de luxe! Auch Geburts-, Jahres- und Glückstage kann man damit vorzüglich begehen.

Es braucht mindestens:
Cidre oder Sekt, Thermos-Tee oder -Kaffee, Räucherlachs, Sahne-Meerrettich, italienisches Brot, Oliven, Gemüse-Sticks (Möhre, Stangensellerie …), Joghurt-Kräuter-Dip, Muffins, Honigmelone, zarter Schinken, Eiskonfekt und …?

Die Ausrüstung
Sektgläser, Becher, Teller (keine Pappe!), Schneidebrettchen, großes Messer, Servietten, Pfeffermühle und Salzstreuer

TOP TIPP
Große Hüte, lange Kleider, weiße Handschuhe und ein Federballspiel!

ROTKÄPPCHEN

Wenn gerade eine rote Mütze in greifbarer Nähe ist, braucht der Korb nur mit einem Kuchen, einer Wurst und einer Flasche rotem Wein gefüllt zu sein.
Dies ist der ideale Proviant für die Pirsch auf weiter Flur und bestens geeignet zum Erlegen wilder Wölfe!

TOP TIPP
Der Jäger und die Oma sind zu diesem Picknick eigentlich nicht eingeladen. Wenn sie trotzdem unbedingt dabei sein wollen, sollen sie eben später nachkommen und nicht vergessen, auch was mitzubringen. Der Jäger noch eine Flasche Wein und die Omi einen extra Kuchen …

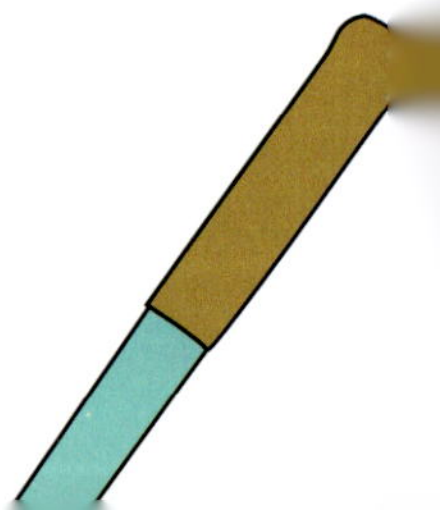

ÜBERRASCHUNG!

Das Picknick aller Picknicks ist natürlich das ›Überraschungs-Picknick‹! Alles, was es dazu braucht, sind viele Freunde, die irgendwas Leckeres mitbringen.
Einzige Regel: Es gibt *keine* Absprache, wer was beisteuert.
Ein herrliches Durcheinander mit lauter ungeahnten Leckerbissen ist das Schönste, was passieren kann.

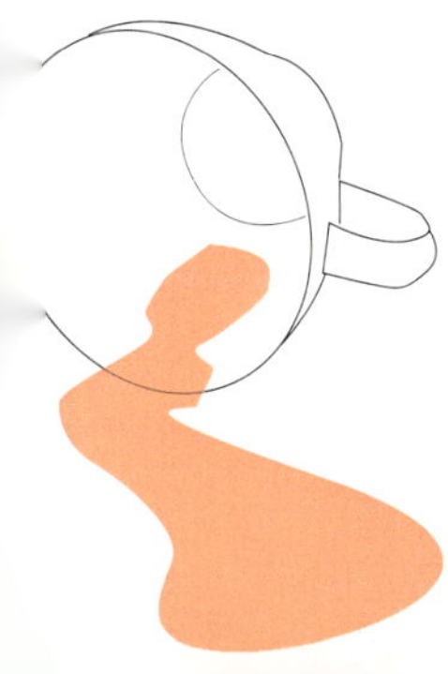

TOP TIPP

Dieses Picknick sollte unbedingt in ein Gelage übergehen!

CSB 400-E

WAS TUN, WENN WAS FEHLT?

DAS ERSATZTEIL-LAGER No. 01

Einen schönen Vorgang wie den Kochvorgang möchte man nur ungern unterbrechen. Nun kann es aber vorkommen, dass die Suppe schon auf dem Herd blubbert oder man die Hände schon im Kuchenteig hat und plötzlich feststellt, dass keine Sahne oder kein Zucker im Haus ist. Und was jetzt? Vor allem nicht verzweifeln. Weder tut noch schmeckt das gut. Am besten man wäscht sich erst mal die Hände und guckt sich dann in aller Ruhe in der Küche um. Es ist ja nicht nur *gegen* fast alles ein Kraut gewachsen, es lässt sich auch für fast alles ein exzellenter Austauschstoff finden, der am anderen Ende vielleicht sogar alles noch besser macht.

Was tun, wenn's brennt?
Löschen!
Und was tun, wenn was fehlt?
Na, ersetzen!

Wenn MILCH fehlt

Ist ja klar, Kaffee und Tee sind mit einem kleinen Schluck Sahne sehr zufrieden. Sprühsahne hält sich übrigens ewig im Kühlschrank, ist aber süß und seltsam. Dosenmilch ist Geschmackssache (und ganz bestimmt nicht meine). Dafür eignet sich zum Kochen, für Grießbrei und Pudding, eine Kokosmilch/Wasser-Mischung ganz hervorragend. Und auch Kokosmilch im Tee ist eine echte Spezialität. Für Cornflakes, Müsli und ihre Verwandten geht natürlich Joghurt wunderbar oder auch leicht verdünnte saure Sahne – und zwar verdünnt mit Apfelsaft, das sieht zwar etwas komisch aus, aber geschmacklich kommt da nicht mal frische Milch mit.

Wenn MEHL fehlt

Da geht jede Menge. Beim Backen auf zerriebenen Zwieback zurückgreifen. Zerriebenes hartes Weißbrot funktioniert auch. Zum Binden ein oder zwei Puddingpulvertütchen einrühren. Hervorragend eignen sich auch geriebene Mandeln. Das schmeckt nicht nur herrlich, das ersetzt die Butter gleich mit. Grieß schmeckt gebacken wunderbar, macht den Teig aber um einiges schwerer als Mehl. Am besten eignet er sich deshalb für Kekse oder süße Blechkuchen.
Gut ist es, den Grieß vorher mit etwas heißem Wasser ordentlich quellen zu lassen oder sogar kurz aufzukochen. Haferflocken und Cornflakes lassen sich auch sehr gerne verbacken. Allerdings am liebsten in der Mischung mit dem guten echten Mehl. Beim Binden von Soßen und Suppen kann Kartoffelpüree-Pulver weiterhelfen (wo es doch in Sachen Kartoffelbrei ganz und gar nicht weiterhilft) oder auch Crème fraîche. Das schmeckt dann oft sogar besser als mit Mehl gebundene Soßen.

FEHLT WAS?

Wenn EIER fehlen

Das ist schon schwieriger. Für Aufläufe nimmt man eine Mischung aus Crème fraîche oder Quark und Käse. Das geht gut, aber eben anders. Vom Ei-Stich für die Suppe schwenkt man einfach auf Grießklößchen um, das ist sowieso sehr lecker. Und beim Backen ist musiger Tofu mit einem Klacks Butter möglich.
Nur, wer hat denn Tofu im Haus, wenn schon die Eier fehlen?

Wenn BUTTER fehlt

Auf dem Brot eignen sich Quark oder auch saure Sahne als Unterlage sehr gut. Bei salzigem Belag auch Pesto. Beim Kuchenbacken sind geriebene Mandeln der delikateste Retter von allen. Die Hälfte vom Mehl lässt man einfach auch noch weg. Wenn nicht genug Mandel- oder Haselnusspulver da ist, funktioniert auch eine Öl-Nuss-Mischung. Sesam- oder Sonnenblumenöl eignet sich dabei besser als Olivenöl. Und schön sparsam dosieren. Sonst wird es klitschig.

Wenn ÖL fehlt

Grillen geht auch ohne und Braten in Teflon meistens auch. Pfannkuchen muss man verschieben, es sei denn, inzwischen ist wieder Butter im Haus. Wenn dem so ist, dann davon aber auch gerne eine Flocke aufs Grillgemüse! Und der Salat bekommt eben statt einer Vinaigrette ein Joghurt-Kräuter- oder Honig-Ingwerdressing. Beim Kochen von herzhaften Soßen tun klein geschnittene Oliven den Trick – Pesto geht natürlich auch.
Irgendwas geht immer.
Und meistens sehr gut.

Wenn ESSIG fehlt

Essich ess ich nich … Stimmt ja gar nicht! Aber, wäre mir nie der Essig ausgegangen, hätte ich wahrscheinlich auch nie rausgefunden, wie wunderbar sich eine frisch gepresste Orange im Salat macht.
Ein Spritzer Zitrone über gebratenes Gemüse oder im Eintopf poliert übrigens die Geschmacksspitzen, dass sie nur so funkeln.
Und zum Marinieren? Wer weder Essig noch Zitrusfrüchte hat, kann dafür einfach einen ordentlichen Schuss Wein einfließen lassen.
Sehr lecker. Besonders wenn alles gut durchgezogen ist.

Wenn SALZ fehlt

Fehlt es wirklich? Am besten guckt man erst mal nach, ob nicht von der letzten Reise noch ein paar Wundertütchen zu finden sind. Ich meine diese kleinen Salz- und Zuckertütchen aus Flugzeug und Hotel. Die einzusammeln ist immer eine gute Idee.
In einer Situation wie dieser können sie nämlich die Rettung sein.
Aber, okay – keine da diesmal.
Jetzt die Lieblingsbrühwürfel prüfen, die sind ja auch salzig. Welcher Geschmack geht in die richtige Richtung? Ausprobieren. Und wenn man lieber pures Salz möchte, zum Beispiel für die berühmte Prise im Kaffee oder in der Süßspeise?
Dann holt man die Salzstangen aus dem hintersten Winkel der geheimen Schatzkammer (da werden ja wohl welche zu finden sein). Ein paar Salzkrümel lassen sich leicht abrubbeln und schon ist alles wieder gut.
Das Frühstücksei wird übrigens mit Pesto oder Olivenpaste zu einer wahren Delikatesse.

Wenn ZUCKER fehlt

Immer noch keine Wundertütchen da? Der Kaffee bleibt dann lieber ungesüßt. Schmeckt sowieso besser. Im Tee brilliert der Honig, und zum Backen und Kochen? Honig schmeckt etwas schwerfälliger als Zucker. Marmelade dafür etwas fruchtiger. Aber gerade das kann klasse sein. Aprikosenmarmelade im Rührkuchen, oder Grießbrei mit Johannisbeergeschmack … Bingo! Und wenn noch ein großer verwaister Weihnachtsmann im Kühlfach auf seine Wiederbelebung wartet, dann gibt es eben keinen Sand-, sondern Schokoladenkuchen. Einfach ordentlich klein bröseln und einrühren. Wenn's noch schokoladiger werden soll, kann man mit Kakao nachhelfen und das Ganze vorsichtig mit Honig versüßen.
Jetzt noch ein Schluck Rum oder Whisky in den Teig, und der Schokokuchen fragt nicht mehr nach Zucker.

Wenn OBST fehlt

Kein Obst zu Hause? Das ist ja nicht so schön. Am besten gleich was einkaufen gehen. Und bis dahin gibt's zum Glück noch Apfelmus (na, hoffentlich). Wie wäre es zum Beispiel mit Scheiben-Müsli als Erste-Hilfe-Maßnahme? Einfach Knäckebrot (am besten das dünne mit Sesam) mit saurer Sahne oder Ähnlichem bestreichen und ordentlich Apfelmus obendrauf. Ein ungeahnter Genuss! Es ist doch besser, mit was im Magen vor die Tür zu gehen, und da muss man nun mal dringend hin, um schnell frisches Obst einzukaufen. Ach ja, Scheiben-Müsli macht sich natürlich auch mit Zwieback ausgesprochen gut.

Wenn GEMÜSE fehlt

Also für die Sofort-Hilfe ist die geheime Schatzkammer zuständig. Aber länger als ein Wochenende sollte die Frischgemüse-Talsohle wirklich nicht andauern. Haben sich vielleicht irgendwo eingelegte Paprika versteckt? Oder sogar getrocknete Steinpilze? Für eine anständige Nudelsoße wäre damit in jedem Fall gesorgt. Wenn auf der Fensterbank oder im Eisfach jetzt noch Kräuter zu finden sind, ist das Schlimmste erst mal überstanden. Morgen gibt's dann Zwiebelkuchen mit saurer Sahne. Und übermorgen … ja, gerne wieder frisches Gemüse.

ERSATZTEIL-LAGER No.02
HART-WARE

Ok … so weit, so gut. Da hat also was gefehlt und schwupp ist es auch schon ersetzt. Tauschen geht 1A. Da hatten ja auch schon andere viel Erfolg mit. Hans im Glück zum Beispiel. Und in der Küche geht das alles sogar noch schneller als im Märchen. Wer dazu noch gerne, wie Hans, goldene Eier möchte, kann sich ja welche anmalen. Das macht bestimmt Spaß.

Was allerdings überhaupt keinen Spaß macht, ist ein perfekter Kuchenteig, wenn plötzlich die Backform fehlt. – Kaum zu glauben, was alles fehlen kann. Und letzte Woche war sie ja noch da, die Backform. Ganz sicher. Warum merkt man eigentlich immer erst, was fehlt, wenn man schon mittendrin ist? – Nun. Viele Fragen bleiben ungeklärt. Aber das hilft dem Kuchenteig jetzt auch nicht weiter, genauso wenig wie der Weinflasche ohne Korkenzieher.

Wenn's hart auf hart kommt, ist der Nachbar mit der gut sortierten Küche gefragt. Aber wenn der auch fehlt? Aha! Die Werkzeugkiste. Und da drüben der Haken in der Wand. Na bitte, war sowieso schon locker. Und wer hat eigentlich behauptet, die kleine Kinderharfe ist nur zum Eierschneiden gut. Auch frische Champignons lassen sich damit in perfekte Scheiben zerlegen. Wer Alufolie im Haus hat, kann sowieso zaubern. Backförmchen zum Beispiel, einen Toaster (einfach ein Stück Alufolie über die Herdplatte legen), und, und, und … Wer's traut, wird selig. So oder so.

UNTER SIEBDRUCK

Gibt's ja nicht. Kein Sieb im Haus? Aber das braucht man doch ständig. Na gut.
Die Weintrauben kommen einfach in eine Plastiktüte, in die man ordentlich Wasser laufen lässt. Darin wühlt man schnell ein bisschen mit der Hand rum, schön vorsichtig natürlich, und reißt dann ein kleines Loch in die unterste Ecke vom Plastik.
Das Wasser läuft ab, die Trauben bleiben in der Tüte.
Den Salat wäscht man kurz in einer Schüssel und schlägt ihn dann in ein Geschirrhandtuch ein, so dass eine gefüllte Stoffwurst entsteht. Diese hält man an den Enden so zusammen, dass durch die gleich eintretende Fliehkraft keine ungewollte Küchenbegrünung entsteht. Nun schleudert man beherzt

am ausgestreckten Arm so lange große Kreise, bis dem Salat schwindelig wird. Das zarte Blattwerk ist jetzt trocken gelegt und die Luftfeuchtigkeit der Küche auch noch optimiert. Gewonnen.
Den dampfenden Spaghettitopf kippt man mit Hilfe des Deckels so aus, dass das Wasser abfließt, die Nudeln aber im Topf bleiben. Der Trick dabei ist natürlich die richtige Größe des Schlitzes zwischen Deckel und Topf. Das ist etwas knifflig, funktioniert aber ganz gut. Nur aufpassen mit dem Wasserdampf! Verbrühte Finger sind die natürlichen Feinde eines angenehmen Abendmahls.
Kurzum, es geht auch ohne Sieb, nur etwas umständlich eben. Deshalb am besten gleich nach dem Essen eins kaufen gehen. Schön groß soll es sein und schön schön natürlich.
Dann kann man es im Sommer auch als elegantes Fruchtfliegengitter für den Obstkorb benutzen. Sehr nützlich, so ein Sieb.

DECKELBACK. DIE BACK-PATT-SITUATION

Die Backform ist also auf seltsame Weise verschwunden. Gibt es denn vielleicht eine Pfanne ganz aus Metall im Haus, die für das Missgeschick herhalten kann? Nein? – Schade, das wär's jetzt gewesen.
Aber einen großen Topfdeckel aus Metall, den gibt es. Na bitte. Den Henkel schiebt man einfach durch die Rillen vom Grillrost. Und wenn der Henkel ein Knauf ist, stellt man den Deckel mit ebendiesem Knauf nach unten in einer dicken Kaffeetasse aufs Backblech. Das sieht gut aus und funktioniert bestens als Backform-Substitut.
Wenn kein passender Topfdeckel zu finden ist, wird hoffentlich Alufolie da sein. Man braucht sie einfach nur drei- oder vierfach zu legen, und schon hat man das beste Backform-Bastelmaterial. Wer allerdings hierbei vergisst, großzügig zu fetten und zu bebröseln, wird später bei Kaffee und Kuchen einen interessanten Dialog zwischen Aluschnipseln und Zahnplomben miterleben dürfen.
Man kann damit prima die Haltbarkeit von Freundschaften testen. Muffins und andere kleine Kuchen lassen sich übrigens auch gerne von einer Kaffeetasse in Form bringen.

DER KUCHEN-DETEKTOR

Apropos testen. Der Kuchen in der Röhre sieht schon herrlich fertig aus und riecht auch so. Sehr verlockend. Aber wie sieht es in seinem Inneren aus? Ist er wirklich schon bereit für die Welt? Was, wenn er innen noch ganz klitschig ist? Jetzt auf gut Glück den Backvorgang abzubrechen, wäre nicht so eine tolle Idee.
Einmal angeschnitten und abgekühlt, will der Kuchen nämlich nicht so recht zu Ende backen. Man kann ihn dann nur noch in dünnen Scheiben im Ofen oder in der Pfanne durchbrutzeln und das Malheur auf dem Teller mit Puderzucker oder Vanillesoße beschönigen. Das geht. Muss ja aber nicht sein.
Ein Streichholz oder Zahnstocher schafft Klarheit. Einfach einmal vorsichtig im Kuchen versenken und wieder rausziehen. Wenn das Hölzchen klebrig ist, die Ofen-Temperatur ein wenig drosseln und dem Kuchen noch etwas Zeit und einen dunkleren Teint gönnen. Wenn das Stäbchen beim nächsten Test fast trocken bleibt, ist alles gut gegangen.

HERZLICHEN GLÜCKWUNSCH!

Goldrenette von Blenheim

TRICKS AUS DEM KÜCHENLABOR

DAS PLÄTZCHEN-LÖSUNGSMITTEL

Ja, der Ofen. Was wär die Wohnung ohne ihn – auf jeden Fall kein Zuhause. Schon immer hat sich alles um den Herd geschart. Das ist bis heute so. Auf Partys kann man das besonders gut beobachten. Die Welt wird immer in der Küche gerettet. Möglichst nah am Herd, da wo das Feuer ist – Oder war ... noch vor hundert Jahren jedenfalls.
Nun hat aber sogar etwas so Gutes wie der Ofen auch seine Tücken. Besonders deutlich bekommt man das zu spüren, wenn die selbst gebackenen Plätzchen nichts Besseres zu tun haben, als plötzlich am Backblech festzukleben. Erst duften sie verführerisch in der Röhre, dann drohen sie beim ersten Annäherungsversuch unmissverständlich mit spontaner Selbstzerbröselung. Muss das sein? Nein. Man stellt das noch heiße Backblech einfach auf ein nasses Handtuch. Und schon sehen die Plätzchen alles lockerer, und man selber ist auch wieder mit dem archaischen Ur-Pol seiner Wohnung versöhnt.

Aufgebackene Brötchen mit Ablösungsproblematik lassen sich von dem Trick übrigens genauso gerne überzeugen.
In hartnäckigen Fällen hilft ein Messer oder Pfannenheber und etwas rohe Gewalt. Das Ergebnis zählt!

WELLENGLÄTTEN IM WHIRL-TOPF

Das weiß ja schon fast jeder. Trotzdem hier noch mal für alle Fälle. Ein ordentlicher Schuss Öl ins kochende Wasser, und schon versucht es nicht mehr aus dem Topf zu fliehen.

NASE ZU, FENSTER AUF

... oder in einem extra Topf etwas Essigwasser aufsetzen. Das ist der Nonplusultra-Trick, wenn man Kohl kocht und den Geschmack um einiges lieber hat als den Geruch.

FRISCHE EIER! FRISCHE EIER?

Vor ein paar Tagen erst hat man frische Eier gekauft. Aber welche sind jetzt noch mal die, und welche die anderen, die nämlich auch noch da waren – man weiß nur leider nicht mehr seit wann. Ja, natürlich sind da Stempel auf den Eiern. Aber wer zur Hölle kann denn diese roten Schmierkleckse dechiffrieren?
Ein guter Tipp ist, dass frische Eier eher matt, ältere eher glatt-glänzend aussehen. Aber die Übergänge sind da natürlich fließend. Wer ganz sicher gehen will, legt die Eier in kaltes Salzwasser. Die frischen gehen unter. Die, die wie ein Fisch mit dem Bauch nach oben schwimmen, sind nur noch zum Werfen zu gebrauchen.

ANTI-FRUCHTBRAUN

So ein schöner Obstteller!
Gerade hat man Apfel, Birne, Banane und Mandelblättchen herrlichst rund und bunt auf dem Teller angeordnet und dann das: Zeit vergessen ... Himmeldonner! Ausgerechnet jetzt – und der Termin lässt sich beim besten Willen nicht verschieben. Mist. Na gut, dann eben los jetzt und später zurück zum leckeren Obst. Aber später ist die ganze Pracht leider kaum noch wiederzuerkennen, um nicht zu sagen, die Farbe kommt der vom Komposthaufen gefährlich nahe. Ganz und gar nicht schön.
Also schnell noch vor dem Aufbruch ein paar Tropfen Zitrone ordentlich über dem Obst verteilen, den Teller zudecken und ab damit in den Kühlschrank. Wenn man wiederkommt, warten die gekühlten Früchte auf einen, als wäre nichts passiert.
Ein bisschen sauer schmeckt sowieso gut, und wenn doch was schief bzw. braun gegangen ist, einfach das Ganze ein wenig mit Zimt bestreuen.
Lecker ausgetrickst!

ANTI-OBST-AGING

Schrumpeläpfel schmecken eigentlich immer noch bestens. Nur dass sie leider überhaupt nicht mehr so aussehen.
Jetzt heißt es also: ›Komm Pott‹, mach den Apfel zu Mus!
Oder aber: ab ins Heilbad. Die Äpfel brauchen bloß über Nacht in einer Schüssel Wasser auszuruhen und schon sind sie wieder viel praller und knackiger. Wieso das wohl nicht mit Menschen geht? Egal. Mit Radieschen geht es dafür ganz gut. Die legt man einfach mit den Blättern nach unten ins Wasser. Dauert auch nur ein paar Stunden. Wer die Blätter gleich nach dem Einkauf abmacht, hat übrigens ohnehin mindestens einen Tag länger was von seinen Radieschen. Angewelktes Gemüse ist Suppengemüse oder muss zur Kur im nassen Handtuchwickel ein paar Stunden in den Kühlschrank. Das wirkt viel besser als Eincremen oder Aufspritzen.

ANTI-MILCH-ÜBERKOCH

Als ich klein war, fand ich das ja super. Vor dem Herd auf einer Kiste stehen und der Milch zugucken, wie sie sich wie durch ein Wunder im Topf vermehrt. Herrlich. Als wäre sie wütend und wolle die Küchenherrschaft übernehmen. Was für ein Aufgebäume ... und schnell ging das! Und dann: zisch. Milch, Milch, Milch ... überall kleine weiße Perlen, die auf dem heißen Plattenrand tanzen. Wie Quecksilber. *Wow*
Außer mir fand das allerdings keiner klasse. Inzwischen reicht es auch mir, der Milch nur ein bisschen beim Wachsen zuzusehen und dann doch lieber schnell den Topf hochzunehmen – bevor die Situation eskaliert.
Wer sich überhaupt nicht für verbreiterte Milchluft-Moleküle begeistern kann, legt einfach eine kleine Untertasse umgekehrt auf den Topfboden. Irgendwie findet die Milch das spannend. Jedenfalls bleibt sie dann lieber im Topf.

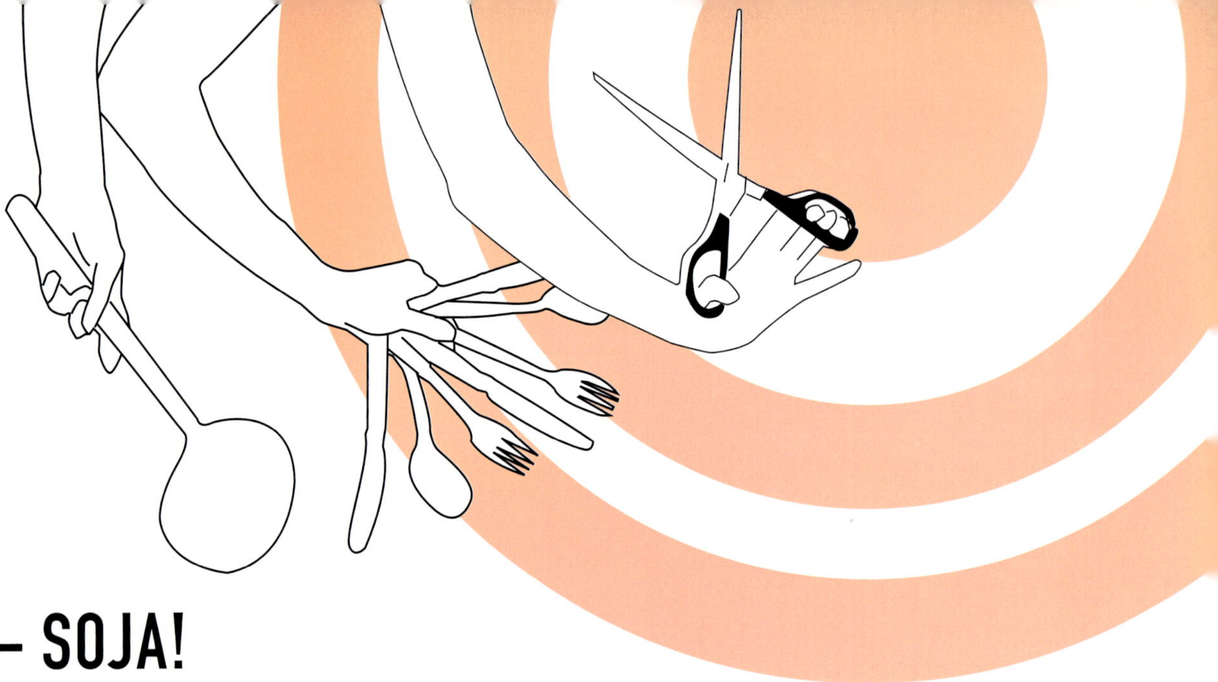

SO NICHT – SOJA!

Tofu schmeckt nicht. – Stimmt nicht!
Tofu schmeckt wenig. Das stimmt schon eher. Aber Moment mal, wie ist das denn mit Mozzarella? Oder mit Spaghetti ohne alles?
Ja genau, die sind auch eher geschmacksneutral und gerade deshalb für uns so liebenswert. Alles mal wieder nur eine Frage des *Wie* und *Womit*. Tofu hat einfach einen schlechteren Ruf als Nudeln und Weichkäse, aber was kann er dafür?
Er gilt als Langweiler – fad und freudlos. Das kommt noch aus der Zeit, als er als Fleischersatz gehandelt wurde. Das muss ja krumm und schief gehen. Tut's auch. Bis heute. Wer schon mal beim Thai seine Nudelsuppe mit Tofu statt mit Shrimps oder Huhn bestellt hat, weiß, wovon ich rede.
Oder Tofu-Curry. Schlimm!
Da sind dann so weiße Stücke drin, die entweder nur weich oder aber gummiartig verbraten mitschwimmen. *Bah*! Sexy ist das nicht gerade. Genauso wenig wie der Gesichtsausdruck, den man aufgesetzt, während man auf dem eigenen Teller rumrührt und seinem Tischnachbarn die Shrimps von der Gabel starrt.
Am Ende fühlt der sich auch noch bedroht (dabei kann er genauso wenig für die ganze Misere wie der Tofu), und schon ist der Abend verdorben.
Das kommt davon, wenn man von den falschen Dingen das Richtige erwartet, oder schlimmer noch, von den richtigen Dingen das Falsche.
Selber schuld. So oder so.
Wenn es einem allerdings gelingt, völlig erwartungslos Tofu von seiner besten Seite zu sehen und ihn dann auch so behandelt, wie er es verdient hat – nämlich gut –, erstrahlt er in ganz neuem, wunderbaren Licht. Genau wie der verschreckte Tischnachbar.

Übrigens, Tofu kauft man am besten im Asialaden. Ist sowieso gut, da ab und zu vorbeizuschauen. Schon wegen der leckeren Curry-Pasten.
Am besten, man findet einen dieser richtig gut sortierten großen Asiamärkte. Gibt's eigentlich in jeder Stadt. Die sind auf alle Fälle einen Ausflug wert. Lauter herrlichst verpackte Fremdheiten, abstrus designte Konserven und seltsamste Gemüsesorten. Die Süßigkeiten sind außerdem 1A Weihnachtsgeschenke, und alles riecht fantastisch.
Den lecker Kulturschock gibt's also gleich dazu. Wärmstens zu empfehlen sind übrigens auch die tief gefrorenen Desserts! Fermentierter Reiskuchen in Bananenblättern oder die gefüllten Bambusstöckchen. Wunderbar.
Und vielleicht trifft man ja sogar einen netten Asiaten, der einem sein Lieblings-Tofu-Rezept verrät.

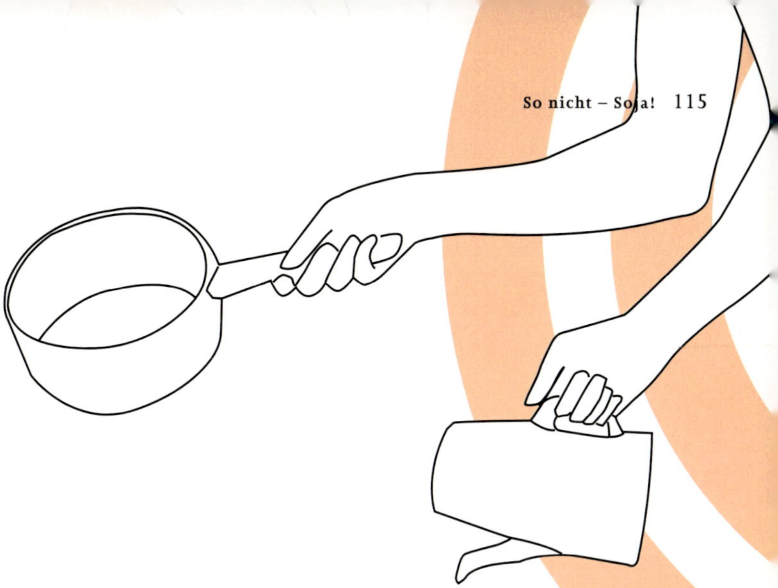

TOFU-ZAUBERWÜRFEL

Wer nach diesem Genuss noch behauptet, Tofu schmeckt nicht, sollte dringend mal zum Zungen-Arzt – aber dazu wird es sicherlich nicht kommen.

Es braucht: Tofu, 1–2 Eier, etwas Mehl, Sojasoße (am besten die süße), Salz, Sesam, Keimöl für die Pfanne

Der Tofu wird in mundgerechte Würfel zerlegt und in der Sojasoße mariniert. Die Eier in einem tiefen Teller mit einer Prise Salz verquirlen. Nun das Mehl und den Sesam in zwei extra Schüsselchen dazustellen. Wenn der Tofu zehn Minuten (oder länger) gezogen hat, lässt man ihn abtropfen, wälzt ihn erst im Mehl und taucht ihn dann in die Eimasse. Danach werden die Tofu-Würfel ausführlich im Sesam gewendet. Das Ganze ist zwar ein bisschen Fummelarbeit, aber sehr angenehm. Nun brauchen die Zauberwürfel nur noch in reichlich heißem Öl von allen Seiten goldbraun gebacken zu werden. Und: *Simsalabim*, Sesam öffne dich.

TOP TIPP

Die Soja-Marinade kann man auch bestens noch mit etwas Reis-Essig oder Balsamico aufmischen. Das gefällt ihr sehr.
Die Zauberwürfel so heiß wie möglich und gerne mit den Fingern essen! Dazu gibt's süße Chili- und Sojasoße in kleinen Schälchen zum Eintunken, und gerne noch einen Rettich-Salat mit einer Orangen-Ingwer-Vinaigrette. Wie man den macht, verrät das Quasi-Sashimi-Kapitel auf Seite 119. Für den Salat kann man dann auch gerne eine Gabel oder Stäbchen benutzen.

UND IN SÜSS?

Ein exzellenter Nachtisch wird daraus, wenn die Soja-Würfel statt in Essig in gesüßtem Zitronensaft mariniert werden! Wirklich entzückend.
Statt dem Mehl kann man jetzt auch Vanillepudding-Pulver nehmen und zum vorgequirlten Ei kommt noch eine Prise Zucker. Der Sesam-Panade-Vorgang bleibt der gleiche wie bei den anderen Zauberwürfeln.

Für die Tunke

erhitzt man Honig mit etwa der gleichen Menge Orangensaft in einem Topf. Für diesen Nachtisch braucht es nichts außer genügend Platz im Bauch. Hat man einmal angefangen zu naschen, fällt das Aufhören nämlich nicht mehr so leicht.

TOP TIPP

Die Honigsoße noch mit einem Hauch geriebenem Ingwer beschenken!
*So *ja*!*

GUTEN TOFU-APPETIT!

EINE KLEINE SOJAKUNDE

TOFU ist von Haus aus ein ziemlich geschmacksneutraler Soja-Käse. Man findet ihn im Asialaden (gut), manchmal eingeschweißt im Supermarkt (schrecklich) und im Bioladen (gut und teuer). Wenn Tofu einmal eingefroren und dann wieder aufgetaut wurde, hat er eine bissfeste und löcherige Konsistenz und lässt sich gern zum Braten verwenden. Geräucherter Tofu ist etwas fester als der hierzulande meist angebotene neutrale Tofu und sehr lecker. Auch kalt und ohne alles. Der einfache Tofu macht sich mariniert gut in Salaten. Mit Früchten und Honig püriert, wird er zum wunderbaren Dessert.

TEMPEH wird aus fermentierten ganzen Sojabohnen gemacht. Und weil er mit einem Edelschimmelpilz geimpft wird, hat er etwas vom Camembert. – Nur dass er eben aus vielen runden Bohnen zusammengewachsen ist und gebraten oder gegrillt herrlich nussig schmeckt. Roh macht er keinen Spaß. Er schmeckt dann nur nach Hefe und eben roh. Wer noch nie Tempeh gegessen hat, sollte ihn mal als Grillspießchen mit Erdnuss- oder Sesamsoße probieren. Ein Gedicht.

SOJAFLEISCH ist ein aufwändig bearbeitetes und getrocknetes Sojaprodukt. Man kann es in manchem Supermarkt oder im Bioladen in verschieden großen Bröckchen kaufen.
Bevor man diese in die Pfanne oder in den Eintopf werfen kann, müssen sie allerdings eine längere Zeit in Wasser oder Brühe eingeweicht werden. Nichts für spontane Kochanfälle also. Trotzdem einen Versuch wert.

MISO ist eine Würzpaste aus fermentierten Sojabohnen. Wenn man sie löffelweise in heißes Wasser rührt, hat man im Handumdrehen eine delikate Suppe, die nichts mehr braucht außer vielleicht einen Hut aus klein geschnittenen Frühlingszwiebeln. (Natürlich gibt es unendlich viele Möglichkeiten, diese Grund-Suppe weiterzuspinnen, aber so ist sie auch schon ein Vergnügen.)
Es gibt verschiedene Miso-Sorten. Hatcho-Miso ist ziemlich streng und wird nur aus Sojabohnen und Meersalz gemacht. Bei den anderen Miso-Sorten sind Reis oder Gerste mit im Spiel. Diese Misch-Misos sind etwas milder.
Miso ist eine gute Erfindung!

SOJAMILCH schmeckt gut mit Früchten und Knusperflocken, lässt sich aber auch prima zum Kochen und Backen verwenden. Wem Sahne in der Gemüsepfanne zu heftig ist, ersetzt sie einfach durch Sojamilch und bekommt ein cremig-leichtes Ergebnis. Sojamilch kann man inzwischen auch in manchen Supermärkten kaufen und dann auch in Schoko- und Vanille-Ausführung. Wer's mag, wird selig. Sojapudding gibt's vor allem im Reformhaus. Ein entzückendes Cremedessert. Genauso lecker wie Vanillepudding, nur ca. achtmal so teuer …

ACHTUNG, ACHTUNG:
Soja-Angelegenheiten vertragen sich mit fast allem außer mit Milchprodukten!
Jeder kann das natürlich noch mal selber in Erfahrung bringen, aber warum? Tofu mit Käse überbacken oder eine Erdbeer-Tofu-Creme mit Sahne? Ich schwöre, das geht schief. Milchprodukte und Soja können sich einfach nicht leiden. Wieso sollte man sie also zum Zusammenspiel zwingen? Das möchte man ja selber auch nicht erleben. Für sich genommen sind beide Fraktionen ein Geschenk des Himmels – oder der Erde –, wie man's nimmt.
In jedem Fall sind zwei Gaumenfreuden doch besser als ein Geschmacks-Desaster. *Ja*

GUTEN DOPPEL-APPETIT.

QUASI SASHIMI

Sashimi … das ist, wenn der Sushi-Mann darauf verzichtet, den rohen Fisch hübsch und häppchenweise mit Reis, Algen und allerlei anderem bunten Schnickschnack in Miniaturpäckchen zu verwandeln – und dafür dann mehr Geld verlangt. Kurzum, Sashimi heißt:
Es gibt Fisch, Baby! Und von wegen Reis … darum musst du den Sushi-Mann dann schon extra bitten. Stäbchen gibt's dazu, basta!
Und vielleicht noch einen Rettichsalat. Na toll! Was soll denn das? Natürlich schmeckt das alles gut, aber wenn es keine bunten Päckchen gibt, nehme ich doch lieber Auflauf. Der dampft wenigstens.

Bei Quasi-Sashimi ist das zum Glück ganz anders, und obwohl der Aufwand klein bleibt, ist die Freude groß. Auge und Mund werden gleichermaßen verwöhnt, und auch die Finger kriegen was zu tun. Und wie …
Wenn der Fisch jetzt noch anfangen würde zu singen, wären sogar die Ohren beschäftigt.
Quasi-Sashimi, das ist essbare Landschafts-Architektur, wie sie schöner nicht sein könnte.
Wir bauen uns ein prächtiges, eigenes Land. Oder am besten gleich mehrere Länder – und zwar nur um sie gleich darauf wieder mit Freunden und Vergnügen zu verspeisen.

DIE ELEMENTE

DAS FISCHLAND

Es braucht:
Frisches Fischfilet, eingelegten Ingwer aus dem Glas, quietschgrünes Wasabi (scharfe Meerrettichpaste), 1 Gläschen roten Kaviar (Lachseier), Soja-Soße, frischen Koriander

Als Erstes kommen die blanken Kontinente (Teller) auf den Tisch. Jetzt wird das Fischfilet (hier die weite Steppe genannt) in feine Scheiben oder schmale Streifen geschnitten und hübsch auf den Tellern verteilt. Ich empfehle eine simple sowie leckere Mischung aus Lachs und Thunfisch. Die beiden Sorten gibt's in jedem Fischladen und fast jedem Supermarkt. Für das Bauen der kleinen Ingwerpaläste lässt man die eingelegten scharfen Scheibchen aus dem Glas schön abtropfen. Die Kronjuwelen (der Kaviar) und der Jadebuddha (Wasabi) werden ebenfalls formschön auf der Fischsteppe in Position gebracht und ein Koriander-Palmwedel begrünt die Steppe aufs Delikateste. Nun werden die Soja-Tümpel in kleinen Schälchen oder Eierbechern angelegt und zu den Kontinenten auf den Tisch gestellt.

DER RETTICHGARTENBAU

Der Rettichsalat braucht:
1 weißen Rettich, 1 Löffel scharfen Meerrettich aus dem Glas, Saft von ca. 2 Orangen, etwas geriebenen Ingwer, ca. 2 Löffel Sesam, Honig, Salz

Den Rettich per Sparschäler skalpieren. Mit dem Schälgerät pro Person eine gute Hand voll zarter Streifen abschaben und in eine Schüssel befördern.
Jetzt aus dem Orangensaft und den restlichen Zutaten eine fruchtig-süß-scharfe Soße anrühren und den Rettich-Garten damit begießen. Dieser kann nun in kleinen Extra-Schälchen zu den Fischlandschaften gestellt oder gleich auf die Fischsteppe gepflanzt werden

TOP TIPP
Die frischen Rettich-Häufchen lassen sich gut noch mit schwarzen Sesamkörnern verzieren, und ein Schuss Sesamöl im Dressing macht das Ganze schön samtig.

GOTT SPIELEN

oder eben Landschaftsbauer

Die Fisch-Steppe legt man am besten mit den Fingern an. Flach und großflächig, oder auch hügelig. Wie auch immer, in jedem Fall mit der gebührenden Hochachtung.
Von hier aus kann die Fantasie mit einem durchgehen. Wo nun der Ingwerpalast auf der Steppe seinen Platz findet, wie hoch der Rettich-Garten wuchern darf, und wem genau der Wasabi-Schlumpf ähnlich sieht, weiß jeder Landschaftsbauer selbst am besten. Nur so viel: Erweitern geht immer.
Wie wär's zum Beispiel mit einem Reisgebirge? Es darf hoch und imposant sein und bekommt dafür einen extra Teller-Kontinent, den sich dann alle am Tisch teilen können. Auch das Gebirge lässt sich sehr gut mit frischem Koriandergrün bepflanzen und mit den Lachsjuwelen verzieren. Und eins noch:
Wenn das Werk vollbracht ist, sollte man keinesfalls einen Tag ruhen! Am besten die Freunde sitzen schon gespannt am Tisch und die Zeremonie kann sofort beginnen. Die Herrlichkeiten also nochmals gebührend bewundern, Stäbchen zücken und alles zur genüsslichen Verwüstung freigeben. Sake und Jasmintee sind gute Reisebegleiter. Aber auch Bier passt bestens.

DER EINZIG WAHRE SUSHI-REIS …?

Mir hat mal jemand erzählt, dass es drei Jahre dauert, bis man gelernt hat, den Sushi-Reis so zu kochen, wie er wirklich gehört. Der Sushi-Meister meiner Wahl weigert sich allerdings, mir darüber Auskunft zu geben. Entweder er versteht mich wirklich nicht, er hält mich für bekloppt oder er will ganz einfach der Legende eine Chance geben. Wer weiß?
Drei Jahre dauern mir jedenfalls zu lange. Zu Quasi-Sashimi passt auch ein Basmati- oder Jasminreis-Gebirge ganz hervorragend. Man kann den Reis mit einem Löffel Zucker, einer Prise Salz und einem Schluck Reisessig gar kochen und ihn dann nochmals bedeckt ein paar Extra-Minuten quellen lassen. Er wird dadurch etwas stäbchenfreundlicher.

NOCH MEHR LECKER ANBAUTEN

SESAM-SPINAT-DSCHUNGEL

Dieser milde Quasi-Salat wird am besten lauwarm genossen und passt hervorragend zum Reisgebirge und natürlich auch allerliebst zur Fischsteppe.

Es braucht:
1 Päckchen gefrorenen Blattspinat, 1 Schluck Wasser, etwas Sesamöl, 1 Löffel Erdnussbutter, Salz und Pfeffer. Ein paar Salatblätter zum Aufbetten (hier geht auch sehr gut etwas zerschnittener Eisbergsalat)

Einfach den Spinatquader mit den anderen Zutaten in der Pfanne auf kleiner Flamme zerfallen lassen. Und das Umrühren nicht vergessen. Wenn der Spinat getaut ist, braucht er nur noch wenige Minuten zu garen, bevor er noch mal abgeschmeckt und dann auf den zerkleinerten Salatblättern zum Dschungel drapiert wird.

TOP TIPP
Mit Sesam schmücken.

MISO-TÜMPEL

Nicht nur neben den kühlen Quasi-Sashimi-Kontinenten wirken die dampfenden Tümpel ausgesprochen wohltuend.

Es braucht:
1 L Wasser, ca. 3 EL Wakame-Algen (gibt's im Asialaden schon zerkleinert im Tütchen zu kaufen), 4-6 EL Miso, 1-2 Frühlingszwiebeln

Die Algen im Topf mit dem Wasser ca. 5 Minuten einweichen lassen. Die Zeit nutzen, um die Frühlingszwiebeln in feine Ringe zu zerlegen. Das Algenwasser aufkochen und das Miso einrühren. Fertig ist der heiße See. Auf Schüsselchen verteilt werden vier oder fünf Tümpel daraus, die noch dampfend mit dem Frühlingszwiebel-Geschnetzelten bestreut werden.

TOP TIPP
Wie stark man sein Miso-Süppchen mag, ist Geschmackssache. Nachwürzen geht jederzeit.
Wer eine Hauptspeise daraus machen möchte, kann das Süppchen auch wunderbar mit Tofu, fein geschnittenem Gemüse und geräuchertem Forellenfilet zur Suppe erweitern.

MEER, MEER, MEHR?

Wer noch andere Farb- und Geschmacksrichtungen für die Filet-Steppe wünscht, lässt sich am besten von den Auslagen beim Fischverkäufer inspirieren. Z.B. von rohem Makrelenfilet. Das ist lecker und auch Octopus … Aber Achtung! Der kommt vielen komisch vor.
Ein paar zarte Seetang-Streifen über die Fischlandschaften verstreut sind auf jeden Fall sehr dekorativ und delikat … oder delirativ oder dekorikat? – ach was, *sching-schang-schong* … Hauptsache, hübsch und lecker!

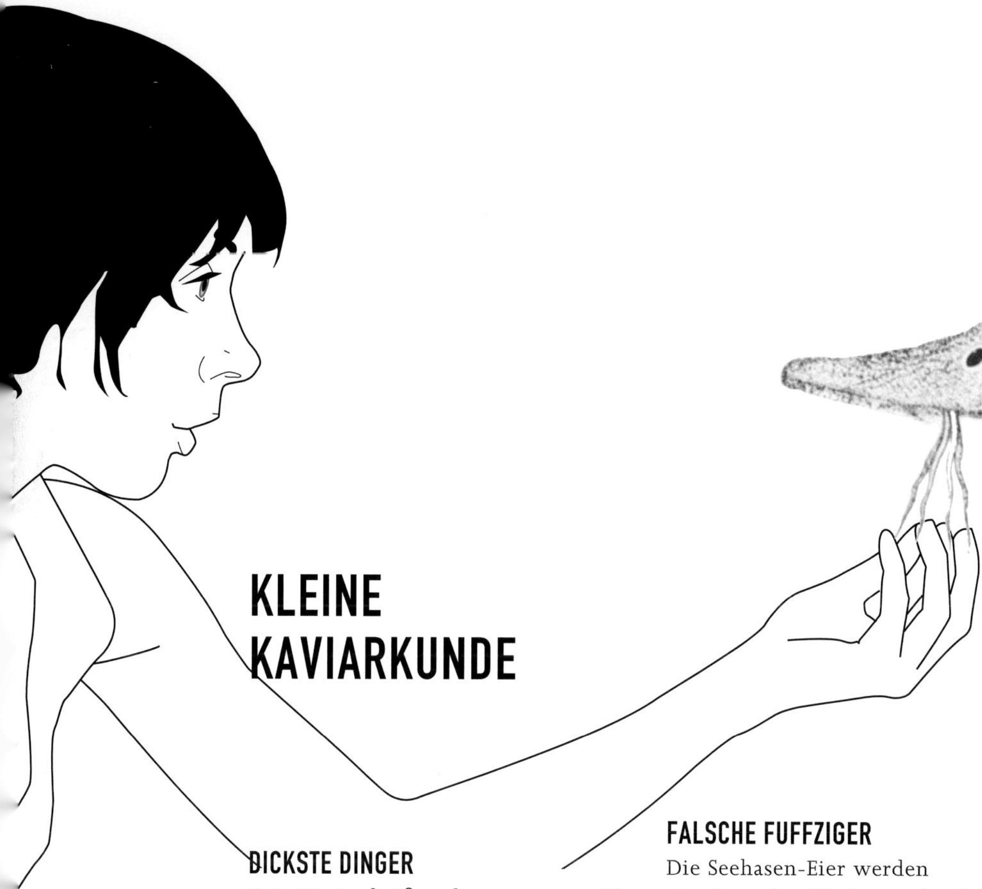

KLEINE KAVIARKUNDE

DICKSTE DINGER

Keta-Kaviar heißen die orangenen Eier vom Lachs, die sich hübsch häufchenweise anlegen lassen. Gut und schön sind sie auch in und auf einem Reisberg zu platzieren, und weil sie so dünnhäutig sind, lassen sie sich wunderbar mit Frischkäse und Dill zu einer Kaviarpaste pürieren.

KLEIN, ABER OHO!

Forellen-Eier sind zwar etwas kleinkörniger, aber auch etwas fester als der Keta-Kaviar. Sie sind ebenfalls schön orange und schmecken auch so ähnlich wie der Lachsrogen. Eben nach Meer und mehr!
Eine der beiden Sorten ist fast in jedem guten Supermarkt zu finden. Funkeln tun beide.

FALSCHE FUFFZIGER

Die Seehasen-Eier werden als ›deutscher Kaviar‹ verkauft. Na danke schön! Geschmacklich sind die kleinen harten Kugeln jedenfalls nicht der Rede wert. Sie sind salzig. Das war's. Dafür gibt es sie in leuchtend Schwarz und Orange zu kaufen – beide Sorten mit extra vielen ›E‹s verstärkt und gefärbt. Aber okay. Das Auge kommt auf seine Kosten.

EDLE PERLEN

Die Eier vom Stör sind die, an die man zuerst denkt, wenn das Wort ›Kaviar‹ fällt. Sie sind eher bläulich-bräunlich als schwarz, und eine Spur milchig. ›Osietra‹ heißt die Spezialisten-Sorte, ›Sevruga‹ ist etwas nussiger, und der gute alte (hoffentlich frische) ›Beluga-Kaviar‹ ist die teuerste Variante …

Na dann!!
Guten Appetit.
Und am besten man lässt sich von einer netten Person dazu einladen …
Ich hab jetzt allerdings schon ein paarmal probiert, die Edel-Eier *so* lecker zu finden, wie sie es verdient haben, oder eher, wie viel man verdienen sollte, wenn man sich diesen ›Rogen-in-Dosen‹ unbedingt kaufen will …
So richtig gefunkt hat das bei mir bisher nicht. Nicht dass der Stör-Kaviar nicht schmecken würde, er schmeckt sehr gut. Eisgekühlt und gern auch mit gehacktem Hühnerei zu gebutterten Pumpernickelschnittchen. Wenn dann noch das Drumherum genauso hübsch ist. Herrlich! Aber mal ehrlich – was soll das genau?
Ich finde, das Preis-Leistungs-Verhältnis hat hier doch einen enormen Hinkefuß. Nun gut, genau den kann man natürlich auch super sexy finden. Es gibt schließlich auch Leute, die finden kleine nackte Hunde sexy …
Ich lade mir jedenfalls lieber ein paar Freunde mehr zum Essen ein und mach ein klasse Quasi Sashimi. Das ist zwar etwas zeitaufwändiger, als Kaviar zu servieren, aber was soll ich sagen …
Zeit ist Welt

DER BÜCHSENFISCH IM WELTVERGLEICH

In 80 Dosen um die Welt

Ich liebe, liebe, liebe kalten Fisch! Natürlich besonders als Sushi oder Quasi Sashimi oder zart geräuchert. Aber manchmal eben auch ausdrücklich aus der Dose oder aus dem Glas. Gern von überall auf der Welt, in jeder erdenklichen Form und Farbe. Großartig! In 80 Dosen um die Welt. Das ist Kultur.
»Zeig mir deinen Fisch, und ich sag dir, wer du bist.« Okay, das reimt sich nicht, aber es funktioniert.
Öffnet man z.B. eine **schwedische Fischdose**, stößt man grundsätzlich auf hoch ästhetisch hin- und hergerichtetes Filet. Kaum noch etwas erinnert an die einstmaligen Schwimmtiere – na ja, der Geruch vielleicht … aber kaum. Sogar ganze Sprotten werden in Schweden wie wertvolle Broschen kunstvoll gestapelt und eingeschweißt. Man preist dort seinen konservierten Fisch in ca. 250 unterschiedlichen Farb- und Geschmackssorten an, von denen sich die meisten dann allerdings doch als süß-salzig oder süß-sauer-salzig entpuppen. Kurz, sie schmecken alle gut … und alle gleich. Tja.
Dafür ist die Konsistenz der Schwedenfischchen immer fantastisch. Außerdem ist fast jede dieser Fischkonserven mit mindestens sechs ›E‹s gesegnet. Für irgendwas werden die schon gut sein. Die besagten Dosen sind übrigens auch von außen sehr hübsch anzusehen. Manche sind wie Silvesterböller in rotes Seidenpapier geschlagen und tragen bunte Manschetten mit dem Konterfei des Königs darauf. Aber die schönsten Fischkunstwerke kommen gleich ins Glas, damit man sie auch von außen bewundern kann. Macht Sinn. Leider bin ich gegen die meisten Sorten allergisch. Vielleicht sind die eingelegten Schmuckstücke ja gar nicht zum Verzehr bestimmt?
Russische Fischdosen befinden sich in fast allen genannten Punkten am anderen Ende der Fahnenstange. Die Auswahl ist nicht halb so groß wie bei den Schweden, dafür sind die Dosen größer. Meistens handelt es sich hier um einfache Metallbüchsen mit Papieraufklebern. Bodenständig! Sofort möchte ich nach Russland ziehen, mir eine Schürze umbinden, Kartoffeln schälen, in Ruhe 20 Kilo zunehmen und Wodka trinken. Yeah!
Es gibt sehr unterschiedliche Geschmacksnoten in den russischen Fischkonserven. Nämlich Tomate, Öl und Wasser. Vor allem aber schmeckt der Fisch nach Fisch. Und wie. Und er riecht auch so. Auch und wie.
In welche Richtung nun die Soße geht, erkennt man an einer gemalten Tomate auf dem Etikett (Tomatensoße) oder an keiner gemalten Tomate (Öl). Sobald man die Dose geöffnet hat, ist jedenfalls eins klar: Hier kommt Fisch! Zumeist wird dieser einfach vom Fleck weg in ein paar Teile zerschnitten und ohne viel Federlesens in die Büchse bugsiert. Und das kann ausgesprochen lehrreich sein. Heilbutt zum Beispiel hat eine nicht ganz dünne, dunkelblau gepunktete, weißgraue Haut. Das weiß ich immerhin erst seit meiner ersten Russendose. Zum Glück werden die Gräten durch irgendeine Magie des Konservierungsverfahrens so aufgeweicht, dass für den Genießer niemals direkte Lebensgefahr besteht. Der russische Fisch schmeckt sehr gut.

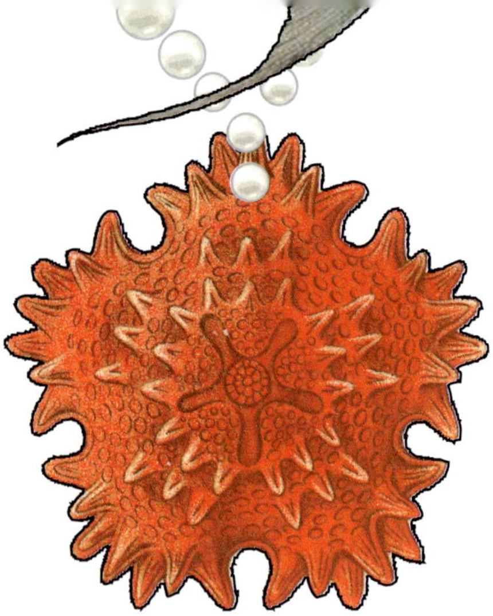

Genau wie er riecht. Nach Fisch eben. Allergisch macht daran nichts. Höchstens einen Eiweißschock kann man sich zuziehen, wenn man zu viel davon isst.
Jetzt aber zu den **portugiesischen Dosen**. Die dürfen im Büchsenfisch-Weltvergleich keinesfalls fehlen.
Die Portugiesen sind nämlich auf ihre Fischkonserven ungefähr so stolz wie auf ihren Erdbeerschnaps (der nicht aus Erdbeeren gemacht wird) und ihre Fußballmannschaft. Und das mit gutem Recht! Nirgends auf der Welt habe ich eine vergleichbar wundervolle Auswahl finden können. Und auch die Verpackungen schießen den Fischvogel mit einer Leichtigkeit ab, die Ehrfurcht gebietet. Neben dem beeindruckenden Basis-Sortiment aus Thunfisch und Sardinen in mannigfaltigsten Geschmacksrichtungen gibt es z.B. Miniatur-Schmuckdöschen mit wirklich exzellenten Sardellenpasten. Und natürlich eingelegten Stockfisch (Bacalhau), der nicht umsonst die Nationalspeise der Portugiesen ist. Delikat. Allein das Dosen-Tintenfisch-Regal in einem normalen portugiesischen Supermarkt, der etwa die doppelte Größe eines deutschen Zeitungskioskes hat, bietet ca. zehn Geschmacksvarianten, von denen einen mindestens die Hälfte aus der Geschmackskurve hauen können. Wie wär's denn mal mit Babytintenfisch in süßen schwarzen Bohnen mit Knoblauch? Ein echter Dosenfischtraum – wenn er denn aus Portugal kommt.
In Lissabon habe ich am Hafen ein Geschäft gefunden, das nichts außer Fischkonserven anbot, diese jedoch in einer Auswahl, dass mir die Spucke wegblieb. Eine hutzelige Oma mit ungefähr 112 Jahren Fischerfahrung, die den Laden zweifelsohne im Griff hatte, nahm die Bestellung an, welche per Fingerzeig auf eine immense Regalwand hinter ihr vonstatten ging. Sie verschwand dann wie von Geisterhand in einem düsteren Lagerraum, um gleich darauf wieder mit dem Stapel der georderten Fischdosen zu erscheinen.
Die dazugehörigen Papierbögen, in die sie nun die Metallbüchsen schlug, waren tatsächlich das Schönste, was ich je in Sachen Verpackung gesehen habe. Von schlicht skizzierten Katzenköpfen in wundersamen Farben bis hin zu stolzen Fischerfrauen, die einen in Ölgemälde-Manier mit ihrem Blick verwirrten, war so ungefähr alles, was die Fischerei-Symbolik zu bieten hat, darauf vertreten.
Nur so viel: Ich musste mir tatsächlich eine extra Tasche für den Rückflug beschaffen. Und hab es nicht bereut.
Ja, ich weiß, schon die kleinen süßen Kuchen der Portugiesen sind eine Reise wert, den Weltmeister-Titel aber haben sie für ihre Fischkonserven verdient. Da gibt es nichts!
Doch nun zurück in die Heimat.
Die **deutschen Dosen** sind wohl jedem hier hinlänglich bekannt. Das Angebot beschränkt sich vor allem auf Hering, Thunfisch, Ölsardine und manchmal noch Makrele. Nicht dass all diese Fische aus Deutschland kommen würden. Ich spreche nur von dem, was man im gängigen deutschen Supermarkt so finden kann. Über die Ölsardinen und Thunfischkonserven lohnt kein weiteres Wort. Zu erwähnen wäre höchstens der ›pikante‹ Thunfisch mit seiner weichen Zwiebelscheibe in

seltsamer Erbsentunke, der in seiner faden Fischdosen-Nachbarschaft geradezu exotisch wirkt. Und das war's dann eigentlich auch schon fast. *Fast.* Denn die deutschen Heringskonserven sind ein durchaus interessantes Phänomen. Es existieren nämlich mindestens sechs Geschmacksrichtungen, die alle mit dem Wort ›Creme‹ enden: Pilzcreme, Senfcreme, Paprikacreme, Pfeffercreme, Cremecreme ... und alle kommen in flachen ovalen Blechbüchsen daher. Egal von welcher Firma und in welcher Preisklasse.
Auf den gecremten Hering im Blechoval hat man sich hier wohl irgendwann mal geeinigt. Schön übersichtlich. Verlässlich eben. Und einmal im Jahr Tütenschwarzbrot mit Hering in Tomatencreme kann tatsächlich großes Glück bedeuten. Besonders wenn man sich gerade nicht zwischen Kater und Katzenjammer entscheiden kann.
Ein Büschel krause Petersilie dazu, und ab die Post. Aber wie gesagt. Nur einmal im Jahr. Inflationärer Cremefisch-Genuss könnte die Geschmacksnerven ins Koma befördern. Sehen wir den Tatsachen ins Auge.

Deutschland ist einfach nicht das, was man eine Fischdosen-Hochburg nennen würde. Dafür gibt's die besten Matjes-Brötchen im Hamburger Hafen. Ist ja auch nicht schlecht.
Die germanischen Konserven sind eben vor allem eins: konservativ. Nicht mal ein ordentlicher Allergieschock ist drin, weil das hier mit den ›E‹s anders geregelt wird als in Schweden.
Halt! – Das stimmt nicht ganz. Den absoluten ›E‹-Rekord hält nämlich der deutsche ›Kaviar‹. Oder sagen wir doch gleich deutscher Seehasenrogen. Bitte einmal raten: 3, 6, oder 9 ›E‹s? Falsch. – 11!

WOHL BEKOMMS.

TIERE AN DER NAHRUNGSKETTE

Handelt es sich hier nun um puren Zufall oder am Ende doch um gezielte Volksverwirrung einer uns unbekannten dunklen Macht? Da gibt es Nahrungsmittel, die tragen Tiernamen, obwohl sie mit der Tierwelt nicht mal im Entferntesten verwandt sind. Eine rein äußerliche und fingierte Ähnlichkeit zu den Namensvettern behindert in einigen Fällen die Wahrheitsfindung noch zusätzlich. Wo soll das alles enden?! Kinder wachsen mit Begriffslügen auf und nichts ahnende Vegetarier werden reihenweise in tiefste Verwirrung gestürzt.

»Reinbeißen oder nicht reinbeißen, das ist hier die Frage.«

Natürlich ist zu erkennen, wenn da etwas *Hund* heißt und doch in Wirklichkeit aus Keks und Schokolade ist, aber wer weiß es schon genau? Nomen *esst* omen …
Hier also eine kleine Aufklärung, um gewisse Missverständnisse für immer aus der Welt zu schaffen.

LECKMUSCHELN ('lɛkmuʃəl)
Süßware

Die Leckmuschel ist heutzutage nur noch selten auf freier Wildbahn anzutreffen. Sollte man also das Glück haben, auf ein Leckmuschelriff im Süßwarenregal zu stoßen, empfiehlt es sich in jedem Fall, einen Vorrat anzulegen. Denn auch wenn es so aussieht – es handelt sich hier nicht um kleine Plastikschälchen mit harter Bonbonpfütze. Leckmuscheln gehören zur Spezies der Zauberwesen und besitzen heilende Kräfte. Sie verscheuchen schlechte Laune, schlichten Streit und wirken sogar bei aufgeschlagenen Knien wahre Wunder. Ausgesprochen wohl fühlen sie sich übrigens in Jackentaschen. Besonders wenn sie vorher angeleckt und dann dort vergessen wurden. Binnen kürzester Zeit schließen sie in diesem Milieu enge Freundschaft mit jedem verfügbaren Fussel und Krümel und schon nach wenigen Stunden sind sie kaum noch wiederzuerkennen.
Merke: Leckmuscheln kleben besser als Pritt-Stift.
Schon deshalb ist es eine gute Idee, immer eine Extra-Leckmuschel auf dem Schreibtisch zu deponieren.

SCHWEINEOHREN (ʃvaınɛ'o:r)
Bäckerei-Artikel

Besonderes Merkmal: süß und fettig. Schweineohren sonnen sich, feist und selbstgefällig wie sie sind, in fast jeder Bäckereiauslage. Man erkennt sie vor allem daran, dass sie überhaupt nicht aussehen wie Schweineohren, sondern eher wie misslungene Keksherzen mit Zuckerguss. Dafür krümeln sie umso mehr und machen Sodbrennen.
Aber wenigstens grunzen sie nicht, wenn man reinbeißt.

KÄSE-IGEL [kɛ:zə'i:gəl]
Party-Snack

Der Käse-Igel ist schon seit Ende der siebziger Jahre vom Aussterben bedroht. Für seine Geselligkeit bekannt, wurde er einst als Party-Highlight gefeiert. Zwischen überbordenden kalten Platten voller absurd garnierter Schnittchen und Tomaten mit Fleischsalat-Füllung ließ er sich stolz von jedem Buffet-Wüstling bewundern und verspeisen.
Sein Erkennungsmerkmal: Schnittkäsewürfel, die gemeinsam mit Weintrauben oder Radieschen von bunten Plastikspießen durchbohrt wurden,

um sich dann, dicht an dicht auf eine halbe Ananas gerammt, wieder zu finden. Puh!
Heutzutage ist er höchstens noch auf Retro-Partys oder in seltenen Fällen auch auf Profi-Buffets zu entdecken. Aber Achtung: wenn irgendwo ein Käse-Igel thront, könnte das etwas über die Qualität der kalten Platten in seiner Umgebung aussagen.
Es ist in jedem Fall eine gute Idee, seine benachbarten Lachshäppchen vorurteilsfrei, aber durchaus genau auf Verwesungsspuren zu untersuchen, bevor man sie im Eifer des Buffet-Gefechts verschlingt. Aber wie gesagt, der Käse-Igel ist so gut wie ausgestorben. Und wenn es denn endlich eines Tages auch den letzten erwischt hat, gönnen wir ihm seine letzte Ruhe. Den Dinosauriern weint man ja auch keine Träne nach.

KALTER HUND [kaltər'hunt]

Quasi-Kuchen

Er kann Kindergartenpartys so richtig einheizen, aber auch in hippen Cafés wird er gerne mal als Süßspeise mit Exoten-Status angeboten.
Genau besehen handelt es sich beim Kalten Hund um eine gewaltige Mutation der Prinzenrolle. Butterkekse werden in einer Kuchenform mit einer zähen Mischung aus Fett, Zucker und Kakao bestrichen, die dann wiederum mit Keksen belegt wird, um dann wieder mit Kakaomasse bestrichen zu werden. Das Ganze wird so oft wiederholt, bis die Kuchenform voll und die Geduld am Ende ist.
Nun kommt der Hund in den Kühlschrank. Wenn man ihn dann nach ein bis zwei Stunden wieder rauslässt, ist ein *kalter* Hund aus ihm geworden – der in Scheiben geschnitten allerdings eher einem Zebra ähnelt. Aber was macht das schon. Vielleicht ist er ja in Wirklichkeit ein Prinzen-Zebra-Hund. Tatsächlich ist er beliebter, als man denkt. Das merkt man, wenn man ihn zu Freunden Gassi führt.

KATZENPFÖTCHEN/-ZUNGEN (katsən'pfœtçən/tsuŋən)

Naschwerk

Katzen*pfötchen* sind weich, schwarz und sehr zutraulich. Sie schmecken nach Lakritz und ergänzen ganz hervorragend das kalte Bier beim nächtlichen Kinobesuch.

Katzen*zungen* dagegen haben erstaunliche Ähnlichkeit mit flachen Hundekuchen, obwohl sie ganz ausdrücklich nach Schokolade schmecken.
Sie warten geduldig in hübschen, antik wirkenden Pappschachteln auf ihren Genießer, um dann schon beim ersten Körperkontakt eine eigenartige Macht über ihn zu gewinnen.
Selten nur wurde eine halbvolle Katzenzungenschachtel gesichtet.
Schon ein einziger Katzenzungenkuss genügt, um den Betroffenen in einen tranceartigen Zustand zu versetzen, der sich erst wieder löst, wenn der gesamte Packungsinhalt verspeist ist.
Wer dem Zungenvollrausch entgehen will, verschenkt eine Schachtel – und nascht ein bisschen mit.
Den Rest der Katze hat Alf gegessen, es besteht also keine Gefahr für Vegetarier.

FALSCHER HASE (falʃɛr'haːzə)

Fleischgericht!

Der falsche Hase ist in Wirklichkeit ein echter Hackbraten, und eben das macht ihn so tückisch. Hatte man sich gerade daran gewöhnt, dass sich hinter einem Tiernamen auch eine absolut tierfreie Speise verbergen kann, so stürzt einen der falsche Hase erneut in Verwirrung.
Es handelt sich hier gewissermaßen um ein Schweinchenhackrind im Hasenfell. Nur dass das Fell fehlt – da muss man erst mal drauf kommen. Besonders gut gedeiht er in den Küchen von Großmüttern. In Groß*küchen* gezüchtete Falsche Hasen dagegen sind in jedem Fall mit Vorsicht zu genießen. Nur echtes Know-how und Omaliebe können ihn vor dem geschmacklichen Absturz bewahren. So oder so ist der Falsche Hase nur etwas für Tage, an denen man sonst nichts mehr vorhat. Ein Fliegengewicht ist der Schweinchenhackrindhase nämlich beileibe nicht. Zumal es sich bei seinen Tellergenossen meist um Salzkartoffeln, Rosenkohl und viel dunkle Soße handelt. Sollte also als Nachtisch auch noch Kalter Hund auf dem Programm stehen, kann Flucht eine durchaus angemessene Reaktion sein, um einer mehrtägigen Magenverstimmung vorzubeugen.

DER GESCHMACKSADEL

Zu Besuch bei Sir Thymian, Lady Ingwer und dem Käse-Kaiser

Adlige Nahrungsmittel, egal ob es sich bei ihnen um Gewürze, Kräuter oder sonst etwas Leckeres handelt, erkennt man nicht etwa an einem *von* in ihrem Namen oder gar an blauem Blut, sondern ganz alleine daran, dass sie andere Nahrungsmittel krönen können.
In ihrer Gegenwart wird das Normale zum Besonderen, ganz unabhängig davon, wie auffällig oder unauffällig sie selber sein mögen. Da, wo sie sind, ist Schönheit im Spiel und schon deshalb lohnt es sich, nach ihnen Ausschau zu halten. Und das ist gar nicht so schwer. Denn auch wenn sich ihre persönlichen Charaktereigenschaften sich so sehr voneinander unterscheiden wie ihre Farben und Formen, und sich manche von ihnen geradezu spinnefeind sind, haben sie doch alle eins gemeinsam: Sie wollen gesehen, gebührend behandelt und aus vollem Herzen genossen werden. Das möchte natürlich jeder gerne – und genau hier beißt sich das Schicksal wieder mal in den Schwanz wie eine kleine Katze. Geadelt wird ein Nahrungsmittel nämlich erst durch den geneigten Genießer. Erst das warme Licht der Aufmerksamkeit verleiht ihm seine Krönungskraft, und je mehr man es adelt, desto schöner sind die Kronen, die es anderen Nahrungsmitteln aufsetzen kann. Drei meiner Lieblinge aus der Geschmacks-Dynastie sind **Sir Thymian, Lady Ingwer** und der **Käse-Kaiser** (hiermit ist natürlich der Parmesan-Patriarch gemeint).

Selbstverständlich gibt es noch jede Menge andere Adlige, denen es immer wieder eine erlauchte Freude ist, entdeckt zu werden.
Seien es die *Prinzessin Pfefferminz*, *Lord Roquefort*, der *Herzog zum grünen Pfeffer* oder die *Sahne-Fürstin*. Man mache ihnen einfach den Hof – und werde reichlich belohnt.

PARMESAN – DER PATRIARCH

Parmesan wäre nicht Parmesan, wenn er den Titel *König der Käse* akzeptieren würde. Oh nein, er ist der *Kaiser* – und zwar selbstredend selbst ernannt. Wer auch sonst zwischen Himmel und Erde, außer ihm selbst höchstpersönlich, wäre befugt, ihm irgendeinen Titel zu verleihen. Mit anderem Käse sollte man ihn tunlichst nicht in einem Atemzug nennen. Lord Roquefort? *Pah*! Und die französischen und Schweizer Snobs sollen bloß aufpassen. Aber hallo! Natürlich ist der Parmesan ein besonders feines und altersweises Mitglied der Käsefamilie (das mit der Familie sollten wir ihn bloß nicht hören lassen …).

Was ihn aber tatsächlich über all seine Nichtwahlverwandten erhebt, ist sein elitäres Auftreten:

»Lobpreise oder lass mich. Gefälligst.«

»Zu Befehl, Herr Kaiser!«

Will man ihn beispielsweise zum Überbacken heranziehen und tut dies mit der nur kleinsten Nachlässigkeit in der Temperaturzufuhr, so beginnt er entweder bloß unangenehm zu schwitzen oder aber er ärgert sich auf der Stelle schwarz. Möchte man sein Brot mit ihm belegen, bitteschön, gerne. Aber wehe, es geschieht ohne die nötige Aufmerksamkeit.

Zu dick aufgetragen etwa, überdeckt er geschmacklich so ungefähr alles in seiner Umgebung. Und zwar nicht gerade schmeichelhaft.

Zu dünn geschnitten wiederum, zerkrümelt er einem bereits bei der kleinsten Unachtsamkeit ohne Vorwarnung zwischen den Fingern.

Während ein stumpfes Messer ihn in unschöne Brocken zerfallen lässt, kann ein besonders scharfes Messer seinen genusswilligen Untertan (den Esser) schon bei der kleinsten Ablenkung einen Finger kosten.

Der Kaiser selbst nennt das: hart, aber herzhaft. Aha. Von Teamfähigkeit kann man da wirklich nicht sprechen. »Du sollst keinen Kaiser neben mir schmecken« – das könnte von ihm sein. Das Petersilienmädchen ist ihm gerade noch zurückhaltend genug, auch das jungfräuliche Basilikumblättchen darf nach seiner Pfeife tanzen. Aber schon der etwas ego-betontere Rucola wird von ihm zwar akzeptiert, aber auch als Konkurrenz empfunden. Grundsätzlich ist festzustellen, wer sich ihm unterordnet, hat noch am ehesten die Chance, nicht von ihm vom Teller gemobbt zu werden.

Als Ausnahme kann hier der weit gereiste schwarze Pfeffer genannt werden. Auch hat der Parmesan nichts gegen einen Hauch von frischem Knoblauch und mit ein paar Tröpfchen kaltgepresst-schmeichelndem Olivenöl teilt er sich gern das Kanapee.

Aber das wär's dann auch schon fast mit seiner Nächstenliebe.

Nur die beste Behandlung ist ihm gut genug, nur der erlesenste Hofstaat erwünscht. Natürlich sind ihm geneigte Gemüse-Maitressen wie die Aubergine und die Tomate jederzeit willkommen. Auch einer eleganten Scheibe Edelschinken ist er nicht abgeneigt, solange sie sich nur nicht in den Vordergrund spielt. Und erfährt er dann die Behandlung, die ihm geziemt, hobelt man ihn also edel und mit Bedacht zu zarten, aber nicht zu zarten Goldflocken oder bricht ihn hochachtungsvoll mit einem eigens für ihn entwickelten Käse-Spatel, so macht er seinem Namen tatsächlich alle Ehre. Egomanie hin oder her. Meinen Segen hat er.

Es lebe der Kaiser!

Natron – $NaHCO_3$

Das Universal-Zauberpulver aus Omas Chemiekasten

Das weiße Pulver ist quasi das Gegenteil von einem Gewürz. Ein Gewürz tut *dazu*. Natron tut *weg*. Es ist da, um zu neutralisieren. Säuren, Gerüche, sogar Bauch- und Kopfweh nehmen Reißaus, sobald Natron in ihre Nähe kommt. Es macht das Wasser schön weich und ist außerdem eine 1A Koch- und Backhilfe. Es kann also fast alles außer singen. Seltsam eigentlich, dass es dafür noch keinen Orden bekommen hat. Dabei ist Natron der Menschheit schon seit dem frühen Altertum bekannt. Schon die alten Ägypter buddelten es aus den Seen des Tales Natron (wadi natrun) und stellten erstaunliche Dinge damit an. Kurz bevor sie ausgestorben sind, haben die Ägypter dann ihre Geheimnisse einer Omi verraten, die zufällig zum Kaffee vorbeikam.
Die hat es dann einer Freundin erzählt und immer so weiter. Seit ungefähr hundert Jahren sind nun kleine grünweiße ›Kaiser-Natron-Tütchen‹ in jedem Supermarkt zu finden, der was auf sich hält – das weiße Zauberpulver ist also doch noch gekrönt worden. Na also. Natron rocks!
Es ist und bleibt der ultimative Joker jeder gut sortierten Vorratskammer. Die Oma damals hat den Ägyptern übrigens ihr Geheimnis entlockt, indem sie den herrlichen Pharaonen-Kaffee lobte:

»So ein mildes Aroma, so rund,
ja und was für ein Geschmack!
Woran das wohl liegt?«

Und das im Omi-Ton eben. Da haben die Ägypter sich natürlich verplappert.

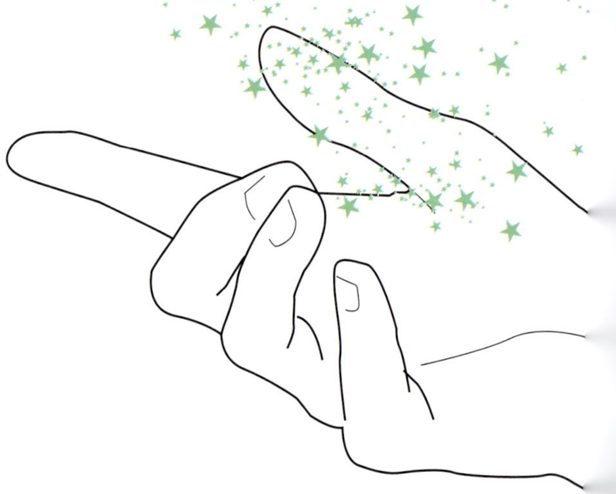

DAS WEICHE WASSER HÖHLT DEN STEIN

… Mag ja sein, viel wichtiger aber ist, dass es den Kaffee und auch den Tee leckerer macht. Eine Prise Natron zum Kaffeepulver löst die Waserhärte in weiches Wohlgefallen auf, und auch der säuerliche Geschmack, der einem bei Filterkaffee den Spaß verdirbt, ist wie weggepustet.

ERBSEN, BOHNEN, LINSEN

Die Hülsenfrüchte werden viel schneller weich und auch bekömmlicher, wenn man einen Löffel Natron mitkocht. Das geht auch gut mit Kohl. Nur Rotkohl kann das Pulver nicht leiden. Da nimmt man dann lieber ein bisschen Zitrone. Und Kümmel. Gegen den Wind.

FARBENFROH

Spinat, grüne Bohnen, Brokkoli und seine Verwandten behalten ihre schöne Farbe beim Kochen, wenn eine ordentliche Prise Natron mitspielen darf.

BACKE, BACKE KUCHEN

Kein Problem, wenn Backpulver fehlt. Dafür kommt einfach 1 Teelöffel Natron ins Mehl. Gut vermischen und zum Schluss noch einen Schuss Essig dazu.

SAUER MACHT LUSTIG

Von wegen! Wer schon mal seine schöne, fruchtige Tomatensuppe entstellt hat, nur weil er Milch oder saure Sahne zum Cremigmachen benutzen wollte, weiß, was ich meine: das Gerinnungsdebakel. Tomaten sind nun mal säuerlich. Kapern auch. Und überhaupt. Wieso sagt einem keiner, dass man zu der viel fetteren süßen Sahne oder eben Crème fraîche greifen muss, damit das nicht passiert. Sauer macht eben überhaupt nicht lustig, sondern nur sauer.
Und das hat man dann davon. Schlieren so weit das Auge reicht. Nicht dass dadurch die Suppe schlechter schmecken würde – Milch-Aliens im Essen sehen einfach hässlich aus. Aber zum Glück gibt's ja den Küchenjoker. Eine Prise Natron in den Topf und die Gerinnungsgefahr ist gebannt. Sogar wenn das Drama schon stattgefunden hat. Ein bisschen Natron kräftig eingerührt und das Ganze wird zumindest wieder deutlich ansehnlicher.

NASE VORN

Fisch und Zwiebelfahnen am Geschirr lösen sich in frische Luft auf, wenn man einen Esslöffel Natron ins Abwaschwasser tut. Besonders bei Holzbrettchen mit eingraviertem Zwiebelaroma macht das viel Sinn. Auch Thermoskannen geben so bereitwillig ihr hart erarbeitetes Eigenaroma her, und ein Tütchen Natron auf eine Untertasse gestreut und in den Kühlschrank gestellt, befreit ihn ganz beeindruckend vom Kühlmixmuff … Nach dem Urlaub ist das oft eine gute Idee.

MIAU

Wenn was schief im Bauch angekommen ist, zum Beispiel viel leckeres Essen, hilft ein Löffel Zauberpulver in Wasser gerührt und ausgetrunken sehr. Den schwarzen Kater mit dem dicken Kopf lässt es übrigens erst gar nicht zur Tür rein. Da nimmt man dann am besten gleich zwei Löffel Natron und trinkt auch noch ein extra Glas Wasser dazu.
Aber *vor* dem Schlafengehen!
Am nächsten Morgen ist es zu spät dafür. Da hat sich's nämlich ausgenatront. Und dann hilft nur noch die Lieblingstablette und ordentlich saurer Fisch für die Bestie.

BLENDENDE WERKE

... beeindruckend einfach beeindruckend einfach beeindruckend einfach beeindruckend ...

Himmeldonner!
Da steht also hoher Besuch ins Haus. Und eins ist klar: Diesmal gibt's kein Entrinnen zum Lieblingsitaliener. Nicht mal der Messer schwingende Japaner am anderen Ende der Stadt kann jetzt noch helfen. Versprochen ist versprochen. Diesmal musst du kochen!
Au backe – *kochen* und *müssen*.
Das widerspricht sich doch schon in der Wurzel. Da lacht doch schon der Vorführeffekt.
Und so sicher, wie das fallende Brot auf der Marmeladenseite landet, ist jetzt natürlich auch ganz und gar keine Zeit für das Marathon-Menü à la Kochbuch ... Mist. Aber so kann's gehen – Und so geht's auch.
Kein Grund, den gestressten Gastgeber zu spielen.
Hier kommen ein paar echte Leckerbissen, die sich quasi von selber zubereiten und in jedem Fall den Eindruck hinterlassen, dass ein begnadeter Küchen-Engel am Werk war.
Sogar bei einem selbst. Wetten?

DAS RANDGESCHEHEN

Basis-Tricks

DER TISCH – EINE TAFEL

Wie man sich bettet, so liegt man … Was für ein blöder Spruch! Stimmt aber nun mal. Vor allem fürs Essen. Wenn man also beeindrucken möchte, ist der Tisch und was da an ›Nicht-Essbarem‹ so draufsteht ein Drittel der Miete – noch nicht die halbe, aber immerhin!
Es darf in jedem Fall so edel aussehen, dass sich sogar ein Spiegelei mit Petersilie in dieser Umgebung adlig fühlen würde. Die Gläser, das Besteck und vor allem Teller und Schüsseln wollen heute schön sein, sich gut vertragen und reichlich Platz zum Drapieren der Leckereien bieten. Kein hübscher Tisch? Dann eben ein Tischtuch. Z.B. ein weißes Laken. Auch keine passenden Teller? Ausleihen! Wozu hat man denn Nachbarn?

EIN AUGENSCHMAUS

Mindestens genauso wichtig wie die Tafel ist das Umschmeicheln der essbaren Hauptdarsteller.
Sprich die ›Dekoration‹ Die **A**'s und **O**'s der gelungenen Deko heißen **A**-vocado und **O**-bst. Zarte Avocado-Scheiben und ein bisschen schwungvoll verteilte Obststückchen am Tellerrand wirken wahre Wunder. Beeren, insbesondere Johannisbeeren, bieten sich dazu besonders an. Auch **FKK** sprich **F**-rische **K**-üchen **K**-räuter sind sehr zu empfehlen. Geschmacklich sowieso, aber eben auch optisch.

DIE GANGSCHALTUNG

Das ist genau wie beim Fahrrad. Gänge machen was her. Kein Mensch braucht 17 Stück, aber drei oder fünf sind schon eine gute Idee, wenn man vom Fleck kommen will – ganz besonders, wenn diese Gänge essbar sind. Zum Glück kann man mit denen dann auch prima tricksen. Bloß nichts unnötig kompliziert werden lassen – na ja, aussehen darf es schon ein bisschen danach. Aber Anstrengung schafft nichts weg. Der Mensch, der sich über ›Eis mit heißen Himbeeren‹ beschwert, weil es mühelos auf den Tisch gezaubert wurde, muss erst noch geboren werden. Eben. Hauptsache lecker. Und je weniger man dafür rumwirbeln muss, desto besser. Für alle.

Und deshalb:

PERLEN STATT SCHWEISSPERLEN

Ein einfacher Trick ist schon mal, nicht mehr als zwei Töpfe oder Pfannen zugleich auf dem Feuer zu haben. Ab dem dritten fängt nämlich Jonglieren an. Das macht Spaß, sollte aber ganz und gar nicht unter Erfolgsdruck das erste Mal ausprobiert werden. Wenn man gewohnt ist, so zu kochen, prima. Wenn nicht – jetzt bloß nicht damit anfangen. Ist auch gar nicht nötig. Die Vorspeise kann kalt und schon längst mit ein paar Handgriffen vorbereitet sein. Die Hauptspeise kommt mit zwei Flammen locker aus und ein guter Nachtisch ist im Nu herbeigezaubert.
Die Joker des Abends sind ohnehin die Zutaten. Man hole von dem Wenigen, was man braucht, das Beste und Schönste, was zu kriegen ist. Sparen und schludern gilt hier nicht. Aber alles andere ist willkommen. Das Wichtigste an einem gelungenen Festmahl ist, dass man sich selber darüber freut. Das färbt nämlich ab. Auf das Essen und auf die Gäste sowieso. Der Rest ist ein Klacks. Versprochen.

ENTZÜCKENDE DAVORS

GOLDENE ZIEGENTALER

Ja, genau so soll es sein!
Drei Handgriffe, 10 Minuten im Ofen und ein Hochgenuss bis zum letzten Bissen.

Es braucht:
1 Ziegenkäse-Taler für jeden Beteiligten, klaren Honig, ein wenig Olivenöl, pro Person 1 Rosmarin- oder Thymianzweigchen und ein paar Salatblätter als Ziegenbett

Die Taler werden auf ein geöltes Backblech gesetzt, mit etwas Honig und ein paar Tropfen Öl bestrichen und mit je einem Kräuterzweig verziert. Den Rest macht der Ofen. Ob der Käse nur leicht überbacken wird oder doch etwas brauner brutzeln soll, entscheiden die Vorliebe und der Ofen, in 10-20 Minuten.

TOP TIPP
Wenn die Taler sehr dick sind, kann man sie auch vorsichtig vor dem Backen in zwei oder drei Scheiben zerlegen – es sollen ja Gold-Taler und keine Gold-Klumpen werden. Lecker ist lecker, aber zu satt macht platt!

Die Honig-Ziegen hübsch auf einem kräuseligen Salatblatt anrichten. Ein paar schwarze Olivenscheibchen machen sich dabei sehr gut und frisches Baguette dazu ist in jedem Fall eine ideale Ergänzung.

Übrigens:
Auch ein feines Stück Schafskäse sträubt sich nicht gegen diese Behandlung.

BIRNE À LA GORGO

Wer hat nur je behauptet, Käse schließe den Magen? Dieser erlesene Auftakt öffnet die Geschmacks-Synapsen himmelweit, kommt mit abgespreiztem kleinen Finger daher und will fast gar nichts dafür – außer natürlich geliebt werden!

Es braucht:
1-2 nicht zu weiche Birnen, ein wenig Cognac oder Weinbrand, 1 Stückchen Butter, Zucker, Salz, Gorgonzola, Zitronensaft, Mühlenpfeffer und ein paar Radicchio-Blätter als Bett

Die Birnen werden gewaschen und in kleinfingerdicke Scheiben geschnitten. Diese werden bei Bedarf entkerngehäust und dann in etwas Butter mit je einer Prise Salz und einer etwas größeren Prise Zucker ein paar Minuten behutsam angeschmort. Nun wird mit einem kleinen Schluck Birnenschnaps gelöscht, und schon sind die Früchte bereit, hübsch auf den Tellern drapiert zu werden. Die Radicchio-Blätter geben hierbei ein hervorragendes Birnen-Bett ab. Jetzt braucht bloß noch ein elegantes Stückchen Gorgonzola auf

den heißen Früchten Platz zu nehmen, bevor ein ordentlicher Spritzer Zitrone und ein paar Umdrehungen aus der Pfeffermühle das Prachtwerk vollenden. Ein wahres Wunder!
Der Käse bekommt durch sein fruchtiges ›Heizkissen‹ im Nu einen herrlichen Schmelz und entwickelt sein spezielles Aroma, dass es eine Freude ist.

TOP TIPP
Den Käse schon eine Stunde früher aus dem Kühlschrank holen.
Es tut ihm gut, schon auf Betriebs-Temperatur zu sein, wenn sein Birnen-Stündchen schlägt. Ein wenig frisches Krustenbrot dazu, und das Fest kann beginnen.

Roter Wein ist diesem Kickstarter eine Ehre.

AVOCADO-LUXUSDAMPFER

Selbst wenn man zwei linke Hände hat, kann man bei diesem delikaten ›Davor-Dampfer‹ nichts verkehrt machen. Alles was zählt, ist die Qualität der Zutaten – und natürlich ein liebevoller Kapitän.

Es braucht:
1 reife Avocadohälfte für jeden, ein paar Flusskrebs-Schwänze oder 2-3 EL Nordseekrabben pro Person, etwas Olivenöl, Zitrone, Salz, frisch gemahlenen Pfeffer, einen Hauch Knoblauch und frische Dillzweige zum Verzieren

Die Meerestiere in etwas Öl, einem Spritzer Zitrone, Salz, Pfeffer und einer Spur zerdrücktem Knoblauch marinieren. Die Avocados in Hälften zerlegen, von ihrem Kern befreien und zu guter Letzt die marinierten Tierchen in die entstandenen Mulden bugsieren. Ein kleiner Dillzweig verziert die Dampfer aufs Feinste.

TOP TIPP
Am besten lässt sich dieses Davor mit einem Teelöffel verspeisen. Hauptsache, die Avocado ist schön reif. Ob Pumpernickel oder Baguette dazu kommt, ist natürlich Geschmackssache.

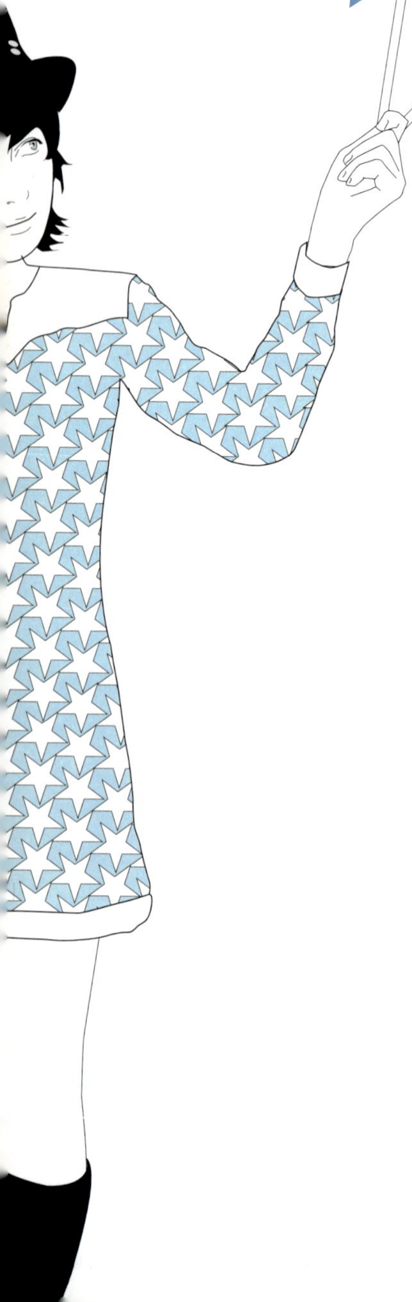

ARTISCHOCKEN-PRACHT

Diese essbaren Blumen zu verspeisen ist ein wahres Vergnügen. Hier kommt Fingerfood vom Feinsten! Artischocken brauchen je nach Größe 30 bis 60 Minuten im Topf, um gar zu werden. Diese Zeit kann man ihnen aber gut schon am Nachmittag geben und wenn dann das Festmahl naht, braucht man sie bloß noch mal fünf Minuten in kochendes Salzwasser zu werfen.

Es braucht:
1 große oder zwei kleine Artischocken pro Mund, Zucker und Salz fürs Kochwasser und Zitronensaft

Die Soßen:
Z.B. Vinaigrette (Seite 55), Joghurtsoße (Seite 55), Cocktailsoße (Seite 50)

Die rohen Artischocken werden per großem, scharfem Messer von ihrem Stil und nach Belieben noch von ihren Blattspitzen befreit (auch eine Schere kann da weiterhelfen). Nun werden sie in viel kochendem Wasser mit ordentlich Zitronensaft und einer großzügigen Prise Zucker 30 bis 60 Minuten gegart. Dass sie fertig sind, merkt man daran, dass sich ihre äußeren Blätter leicht lösen lassen. Wenn es so weit ist, kommen noch ein paar Löffel Salz in den Topf und schon eine Minute später wird das Wasser abgegossen. Fertig!
Die Blättchen können nun von jedem Gast elegant nach dem ›Ich-lieb-dich-ich-lieb-dich-nicht‹-Prinzip gezupft, in die Soße gestupst und genüsslich ausgelutscht werden.
Wenn man zum Herz der Artischocke vorgedrungen ist, stößt man auf eine Art haarigen Hut, der kurzerhand beim Schopfe gepackt und entfernt wird.
Das Herz ist ein Spezial-Vergnügen, das gelöffelt oder gegabelt werden kann.

TOP TIPP
Extra-Teller für die ausgesogenen Blätter bereitstellen!

Bei kleinen zarten Artischocken sind auch der Schopf und vor allem der Stiel sehr genießbar. Man braucht ihn also nicht ganz abzuschneiden. Wer trotzdem möchte, dass die Blumen aufrecht stehen, stellt sie einzeln in schöne Kaffeebecher oder kleine Schalen und stabilisiert ihre Aufrichtigkeit mit ein paar Salatblättern.

Kühler Weißwein und warmes Baguette sind die idealen Artischocken-Begleiter.

Ein kleines Rollenspiel:
DER FEIGENWICKEL

Ist das nicht großartig? Sobald man Dinge ineinander verwickelt, ergeben sie mehr als die Summe der einzelnen Teile. Ein Wunder!
Im zwischenmenschlichen Bereich kann das zur Gründung einer Band oder auch einer Partei führen.
Es kann also auch mal lästig werden.
Wenn es aber um Leckereien geht, kommen uns Verwicklungen immer auf ganzer Strecke zugute.
Einer der einfachsten und schmackhaftesten Beweise dafür ist der Feigenwickel. Er ist ein wirklich verlockendes ›Davor‹, spielt aber auch gerne die Nebenrolle für so manche Hauptattraktion.

Es braucht:
Frische reife Feigen, Serrano oder anderen feinen Schinken, ein wenig gutes Olivenöl, Pfeffer aus der Mühle, Zahnstocher für den Spießrutenlauf

Die Feigen werden gewaschen, geviertelt, in feine Schinkenscheiben gerollt und per Zahnstocher aufgespießt. Kurz vor ihrem Auftritt werden sie mit ein paar Tropfen Öl beträufelt und mit einer halben Umdrehung aus der Mühle angeschärft.

TOP TIPP
Feigenwickel teilen sich den Vorspeisenteller auch gerne mit Honigmelonen-Wickeln, und ein paar ganz unverwickelte Kapernbeeren komplettieren dieses Rollenspiel aufs Feinste.

Wer damit noch nicht genug hat, kann zu den aufgerollten Leckerbissen auch gut noch ein paar ›Käse-Scherben‹ servieren. *Sehr verlockend*

KÄSE-SCHERBEN

Es braucht:
1 großes Stück frischen Parmesankäse

Das Backblech wird mit Backpapier ausgelegt und der Käse in einer möglichst gleichmäßigen Schicht darauf gerieben.
Im vorgeheizten mittelheißen Ofen braucht der Parmesan nur ca. fünf Minuten, um loszublubbern und goldig-braun zu werden. Jetzt kommt das Blech aus dem Ofen, und wenn der Käse wieder einen kühlen Kopf hat, werden per Hand oder Messer Scherben aus der Knusperschicht gebrochen, die dann behutsam an die Feigenwickel gelehnt werden.

ERDBEEREN MIT GRÜNEM PFEFFER UND CHAMPAGNER!

Aller Anfang ist schwer? So ein Quatsch! Den wohl einfachsten aller Anfänge macht diese unglaubliche Vorspeise. Was soll man da noch sagen? Ein blendendes Werk!

Es braucht:
1-2 Hände voll reifer Erdbeeren pro Person, Vanillezucker, grünen Pfeffer aus dem Glas, Puderzucker, 1 Flasche Champagner

Die Erdbeeren werden gewaschen, abgetropft, entstrunkt, halbiert und sodann in eine Schüssel bugsiert, wo sie mit Vanillezucker (ein Tütchen reicht für vier Personen) bestreut werden. Ein halbes Löffelchen grüner Pfeffer pro Kopf wird kurz im Sieb abgespült und grob gehackt, bevor er den Erdbeeren in die Schale folgt. Nach einem kurzen Rührgang werden die Pfefferfrüchte auf schönen Tellern angerichtet und mit etwas Puderzucker durch ein Sieb weiträumig beschneit.
Diese Leckerei katapultiert sich (und uns!) mit einem gut gekühlten Glas Champagner garantiert in den Genuss-Orbit!

TOP TIPP
Ein bis zwei frische Minzblättchen auf den Erdbeertellern versetzen nicht nur das Auge in Verzückung.
Und, ja. Das Ganze geht auch mit einem guten Sekt statt Champagner. Ein halbes Früchtchen darf sich auch gerne ins Glas verirren oder seinen kühlen Rand schmücken.
Prost Neu-ja!

VOM DAVOR ZUM DAZU ...

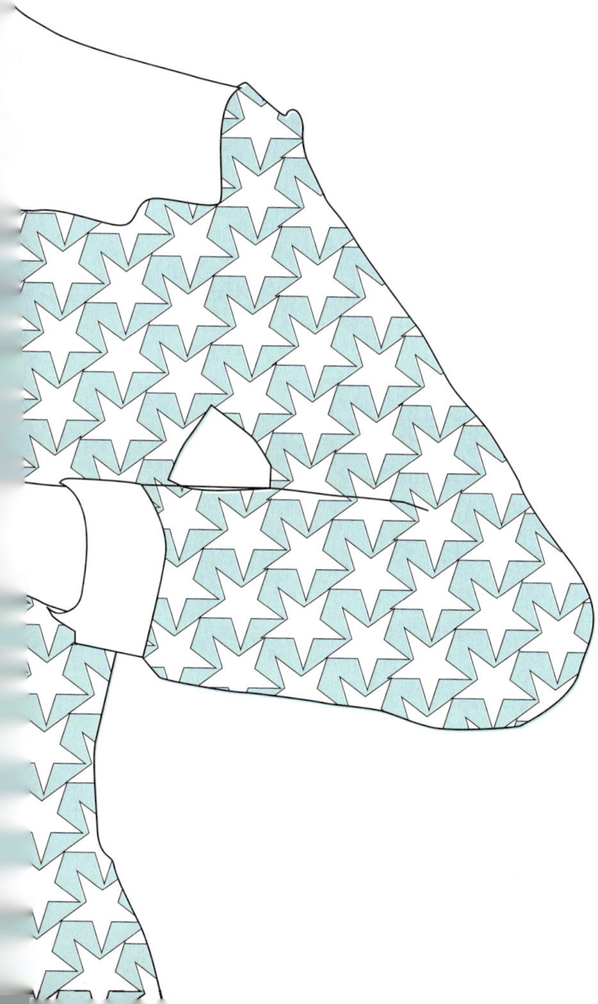

Hat erst mal eines dieser entzückenden ›Davors‹ den Abend eingeleitet, sind dem berauschenden Festmahl keine Grenzen mehr gesetzt. Alle Sinne der geneigten Gäste sind aufs Vorzüglichste geschärft, und ein Lächeln der Vorfreude auf den nächsten Gang macht die Runde.
Ausgesprochen wichtig ist jetzt, diese wunderbare Gemütsäußerung der Gäste als genau das zu nehmen, was sie ist: ein Bekenntnis der Freude – und die sollte man bloß nicht mit einer Erwartungshaltung verwechseln. Das wäre Quatsch und verheerend noch dazu.
Immer schön locker bleiben und ab in den nächsten Gang.
Jetzt geht es darum, eine wundervolle Hauptsächlichkeit auf den Tisch zu zaubern. Völlig mühelos natürlich. Kein Problem!

Als Allererstes sei erwähnt, dass eine der einfachsten und leckersten Möglichkeiten ›fein raus‹ zu sein, darin besteht, Filet zu servieren. Filet wirkt immer – und zwar mit links. Ob nun vom Lamm, vom Rind oder vom Lachs, es braucht bloß kurz ins Rohr oder die Pfanne befördert zu werden, um einen bleibenden und hervorragenden Eindruck zu hinterlassen. Na bitte. Schief gehen kann dabei kaum etwas, und alles, was es jetzt noch braucht, ist das perfekt gewählte ›Dazu‹.
Etwas Besonderes, auffällig Verführerisches muss her, etwas, das die Teller leuchten und die Zungen schnalzen lässt. Der goldene Rahmen eben für Mona Lisas ›Filet-Lächeln‹.
Und wenn dann auch noch ein geeignetes Blitz-Sößchen die Pracht-Teller küsst ... na, Himmeldonner! Gab es wirklich die Zeit, in der man behauptete, nicht kochen zu können?

GESEGNETES SIMSALABIM!

VERLOCKENDE DAZUS

REGENBOGEN-COUS-COUS

Schön, oder? Hier hat man gleich alles in einem. Salat, Gemüse, na ja und Cous-Cous eben. Und das Ganze in zehn Minuten mit allem Drum und Dran. Na bitte!
Außerdem schmeckt es hervorragend, lässt sich im Nu für jeden Anlass passend variieren und ist schon deshalb was Besonderes, weil es so selten auf den Tisch kommt. Das sollte man schleunigst ändern.
Kuss-Kuss für Cous-Cous

Es braucht:
Je 1 Tasse Cous-Cous (den mittelgroben) und 1 Tasse Wasser pro Mund, klein geschnittenes buntes Gemüse, z.B. rote und gelbe Paprika, etwas Frühlingszwiebel nach Belieben, 1 Stück Butter, etwas Salz und 1 Strauß glatte Petersilie

Das Wasser mit etwas Salz zum Kochen bringen, dann das Gemüse hinein-werfen und kurz darauf den Topf von der Flamme nehmen.
Jetzt den Cous-Cous einrühren, ein Stückchen Butter dazu, Deckel drauf und das Ganze ca. fünf Minuten quellen lassen. In der Zeit die Petersilien-Blättchen vom Strauß zupfen und klein schneiden. Wenn der Cous-Cous gequollen ist, möchte er mit einer Gabel aufgelockert werden. Nun kommt das Blattgrün dazu und nach Belieben noch ein weiteres Stück Butter. Mit Salz vorsichtig abschmecken, fertig ist der Teller-Regenbogen.

TOP TIPP
Das Wasser mit einem Beutel Pfefferminztee zum Kochen bringen. Wenn das Gemüse dazu kommt, den Teebeutel rausnehmen.

Etwas lose Gemüsebrühe statt Salz ins Wasser und noch eine Prise Thymian oder Kumin mitkochen.

Die Petersilie kann auch mit Koriander oder ein paar sehr fein geschnittenen Minzblättchen vermischt werden.

Statt dem Extra-Stück Butter können auch gut ein paar Löffel saure Sahne mitspielen.

Wer die Frische des Regenbogens noch betonen möchte, erschrickt ihn mit einem Spritzer Zitrone und etwas Pfeffer aus der Mühle.

GRILLGEMÜSE

Schon weil es sich quasi selber zubereitet und dazu noch ein Fest für die Augen ist, passt es bestens hierher. Natürlich schmeckt es auch ausgesprochen gut. Ist doch klar.
Ich empfehle Gemüse zu nehmen, das sich nicht allzu lange bitten lässt, wenn es ums Garwerden geht. Tomate natürlich, aber auch bunte Paprika, Champignons und Zucchini sind für den Ofen-Grillgang sehr gut geeignet.
Merke: Je feiner geschnibbelt, desto schneller gar.

Es braucht:
Buntes Gemüse, Öl, Salz, Pfeffer, Kräuter, Knoblauch und Käse nach Geschmack

Das Gemüse wird gewaschen und in formschöne Teilchen zerlegt.
Der Ofen bringt sich derweil schon mal in Wallung.
Nun werden die Gemüse-Schönlinge auf einem geölten Backblech verteilt, mit etwas Extra-Öl beträufelt, mit Kräutern bekrümelt und mit gepresstem Knoblauch beglückt. Thymian, Oregano und Rosmarin freuen sich hier über ihren Einsatz.
Wer mag, lässt noch ein wenig Parmesan oder anderen Raspelkäse zu Wort kommen.
Wenn der Ofen gut vorgeheizt und das Gemüse dünn geschnitten ist, braucht es nur etwa 20 Minuten, um gar zu werden, aber bissfest zu bleiben.

VOM CHAMPIGNON ZUM CHAMPION: EIN ERSTE-SAHNE-SALAT

Ein frischer Salat ist immer ein köstliches und hübsches ›Dazu‹. Nur ist das leider oft mit einigem Schnibbelaufwand verbunden. Der Champignon-Champion macht garantiert mehr Eindruck als Umstände und ist eine Gaumenfreude erster Sahne.

Es braucht:
Sehr frische Champignons (gern die braunen), glatte Petersilie, süße Sahne, Salz und Pfeffer

Die Pilze werden mit einem scharfen Messer oder per Eierschneider in gleichmäßige Scheiben zerlegt. Die Petersilienblättchen werden vom Zweig gezupft und grob gehackt. Nun werden Champi-Scheiben, Blattgrün und süße Sahne in einer Schüssel vorsichtig vermischt und dezent mit Salz und Mühlen-Pfeffer abgeschmeckt. Ready to go!

Grillgemüse-TOP TIPP
Zucchini sehen gut aus, wenn sie der Länge nach dünn gescheibt wurden. Man kann sie dann auch dekorativ auf dem Teller aufrollen oder klappen. Tomaten werden nicht zerschnitten, sondern einfach von ihrem grünen Knopf befreit und lassen sich dann auch gern mit einer Olive oder etwas Schafskäse stopfen.

Ein Spritzer Zitrone und viel frisch gemahlenen Pfeffer über das tellerfertige Brutzelgemüse verteilen! – Das bringt lecker Extra-Schwung.

TOP TIPP
Die sahnigen Champignons können direkt neben der Hauptsächlichkeit des Abends auf einem schönen Salatblatt am Tellerrand Platz nehmen und mit ein paar übrig gebliebenen Petersilienblättchen verziert werden.

WENN'S NUDELT, DANN BUNT

Lecker hin oder her, die hellgelben Hartweizen-Lieblinge versetzen nun mal niemanden mehr in Erstaunen. Es ist also eine gute Idee, bei einem Festschmaus dem direkten Vergleich mit dem gestrigen Mittagessen aus dem Weg zu gehen. Ist doch klar: Wenn schon, denn schon ... Heute braucht auch die Nudel Glamour – also her mit den bunten Teigwaren. Ein Klacks Butter, Salz und ein paar kleine Extras reichen aus, um sie in ein glänzendes *Dazu* zu verwandeln.

Zum Beispiel:
ROTE NUDELN mit getrockneten Tomatenstückchen (kurz mitkochen)
Oder:
SCHWARZE NUDELN mit frischem Thymian und Lachskaviar (zum Schluss einrühren)
Oder:
GRÜNE NUDELN mit Erdnuss-Sesam-öffne-dich-Spinat ...

Und das geht so:

TAGLIATELLE ALLA SPINAT-SESAM-ÖFFNE-DICH

Es braucht:
Grüne Bandnudeln, Blattspinat (ruhig den gefrorenen), Oliven- und Sesamöl, ein wenig Erdnussbutter, Knoblauch und Salz, Zitronenscheibchen für Deko und Feingeschmack, rosa und schwarze Pfefferkörner für die Mühle

Während die Nudeln im Topf auf ihre ›Al-dente-Bestimmung‹ zublubbern, lässt man den aufgetauten Blattspinat genüsslich in der Pfanne zerfallen. Dies geschieht unter Rühren mit einem Schluck Wasser, einer Prise Salz, Knoblauch nach Geschmack und ein wenig Olivenöl.
Ein guter Schuss Sesamöl und ein Löffelchen Erdnussbutter verleihen dem Spinat das spezielle Etwas. Wenn die Nudeln bereit sind, kommen sie kurz zum Spinat in die Pfanne. Das Ganze wird gut gemischt und mit Salz abgeschmeckt. Fertig.

TOP TIPP
Etwas Sesam einfliegen! *Bingo*

Dieser Sesam-Spinat schmeckt übrigens auch ohne Nudeln ganz hervorragend, zum Beispiel als Tellernachbar von Baby-Kartoffeln oder, leicht gewandelt, als Spezial-Salat zum Quasi Sashimi.

BABY-KARTOFFELN PLUS

Ähnlich wie die gemeine Nudel ist auch die Kartoffel nicht gerade eine Sexbombe.
Dennoch ist sie das unbestreitbare Tellergold, wenn es darum geht, eine exquisite Hauptspeise ins rechte Licht zu rücken. Sie sorgt für Harmonie auf dem Teller und verleiht außergewöhnlichen Kreationen eine angenehme Bodenständigkeit – nur das Schälen nervt, und seinen hochwohlgeborenen Gästen möchte man das ja nun auch nicht aufs Auge drücken. Braucht man auch nicht.
Es gibt ja Baby-Kartoffeln.
Die kleinen Knollen mit der hauchzarten Schale, die es inzwischen nicht nur im Frühling, sondern rund ums ganze Jahr zu kaufen gibt, lassen sich bestens ganz und gar, also quasi mit Haut und ohne Haar, verspeisen.
Und weil sie so schön klein sind, brauchen sie auch nur ca. 15 Minuten im kochenden Wasser.
Aber Achtung: Kein Salz in den Topf! Sonst platzt die Schale unschön auf. Das Salz kommt mit der Butter auf den Teller – oder noch besser: in die Pfanne ...

Baby-Kartoffel-TOP TIPP
Ein ordentliches Stück Butter in der Pfanne zerlassen, großzügig frische Petersilie einfliegen und das Ganze gut salzen. Sodann über die angerichteten Babykartoffeln löffeln und – *Jaa*
Eine andere Variante ist es, die Butter in der Pfanne mit ein wenig Salz und einer ordentlichen Prise Zucker zu verrühren, bis das Gemisch schön braun karamellisiert. Nun werden die Babykartoffeln kurz darin geschwenkt, um sogleich einen glänzenden Auftritt neben dem Filet des Abends hinzulegen.

Hervorragend ergänzen lässt sich dieses Gespann durch gedünstetes Gemüse aller Art, aber auch einfach durch ein Salatblatt, das mit einem kunstvollen Chicoree-Schiffchen versehen jede Frage nach einer weiteren Beilage beantwortet.

Eine köstliche Augenweide:

VERZICKTE CHICOREE-WALNUSS-SPALTEN

Es braucht:
Ca. 2 hübsche Chicoreeblättchen pro Kopf, ebenso viele Walnusshälften, Ziegenfrischkäse, Zucker

In der Pfanne wird etwa eine Hand voll Zucker mit den Walnusshälften erhitzt, bis die Nüsse von einer goldbraunen Karamellschicht überzogen sind. Das braucht etwa fünf Minuten, etwas Aufmerksamkeit und gelegentliches Rühren.
Wenn es so weit ist, lässt man die Karamell-Nüsse mit etwas Abstand voneinander kurz auf einem Teller abkühlen.
Jedes Chicoree-Blättchen wird nun mit einem Löffel Ziegenfrischkäse gefüllt, auf dem je eine halbe Goldnuss Platz nehmen darf.

TOP TIPP
Die Chicoree-Schiffchen machen sich auch ganz hervorragend in Gemeinschaft mit anderen ›Dazus‹ und lassen sich auch gerne mit diversen ›Davors‹ kombinieren.

Als Krönung verträgt das Chicoree-Schiffchen gut noch ein paar Tropfen einer saftigen Orange und etwas Pfeffer aus der Mühle.

Man kann den Ziegenkäse auch durch Mascarpone oder, wenn ein Filet vom Rind dazu kommt, auch durch ein kühles Stück Kräuterbutter ersetzen.

Auch vorzüglich zu Baby-Kartoffeln:

VINAIGRIERTE PRINZESSBOHNEN MIT ODER OHNE MÄH!

Prinzessbohnen sind besonders feine grüne Bohnen und machen ihrem Namen alle Ehre.
In ein wenig Salzwasser gedünstet sind sie in ca. 15 Minuten gar.
Am leckersten sind sie, wenn sie noch ein wenig bissfest sind. Sie haben dann auch noch ihr frisches, strahlend grünes Aussehen, das durch ein paar Spritzer Zitronensaft im Wasser noch hervorgehoben werden kann.
Prinzessbohnen al dente sind mit einer Flocke Butter und einer Prise Salz ein Kompliment für jedes edle Filet. Man kann sie auch noch mit einer milden Thymian-Vinaigrette versehen (bei den ›Super Soßen‹ nachgucken!), eventuell ein paar kleine Würfel Schafskäse unterheben und sie dann lauwarm oder kalt auf dem Teller anrichten – hinreißend!

TOP TIPP
Mindestens genauso vorzüglich und sogar noch schneller zubereitet als Prinzessbohnen sind Zuckerschoten. (Eigentlich heißen sie Zuckererbsen, kommen aber als zarte Schoten daher.) Sie sind nicht immer und überall zu haben, aber wenn … dann zugreifen! Ob nun gebuttert oder mariniert – die süßen Grünlinge sind ein ganz besonderer Leckerbissen.

SÜSSKARTOFFELKNUSPER IM SALATBETT

Eine Aufsehen erregende Alternative zum herkömmlichen Erdapfel ist die Süßkartoffel. Nicht nur dass sie eine Schönheit ist – quietsch-orange von innen und rot oder sogar lila von außen, sie schmeckt auch wirklich ganz außergewöhnlich. Süß eben, und zart nussig noch dazu.
Besonders gut machen sich Süßkartoffeln scheibenweise im Ofen übergebrutzelt. Man bestreicht die Scheibchen dafür mit ein wenig Öl, bestreut sie behutsam mit Salz und überlässt sie dann etwa 15 Minuten sich selbst bzw. der sengenden Ofenhitze. Fertig.
Nun ist es nur noch eine Frage der persönlichen Vorliebe, ob eine Umdrehung Pfeffer und ein Spritzer Zitrone oder aber ein Butterflöckchen mit ein paar frisch gezupften Blättchen Koriander oder Petersilie den Knusperscheiben den letzten Schliff verleihen.

Süßkartoffelknusper passt erstaunlich gut zu jeder Art gebratenem Filet und fühlt sich auch in der Nähe von anderen ›Dazus‹ wie Grillgemüse sehr wohl. – Das lässt sich auch gleich in einem Rutsch zubereiten. Herrlich.

TOP TIPP
Wenn man schon mal dabei ist, gleich so viele Scheibchen grillen, dass in jedem Fall welche übrig bleiben. Am nächsten Tag ist dann die Freude groß. Sie schmecken nämlich auch kalt fantastisch, z.B. mit einer Joghurt-Tunke.

Oder einfach:

HEISSES KRÄUTERBROT

Wer keine Süßkartoffeln mag oder mit Filet und Gemüse schon genug um die Ohren hat, kann ganz einfach mit heißem Kräuterbrot ein ›Dazu‹ auf den Tisch zaubern, das zwar ganz und gar keine Mühe, aber trotzdem jede Menge Gaumenfreude macht.

Es braucht:
Ciabatta oder Baguette, etwas weiche Butter, Schnittlauch, Petersilie, Basilikum oder andere Lieblingskräuter, Knoblauch und Salz

Das Brot wird mit nassen Händen befeuchtet und dann mit einem Messer so angeritzt, als würde man Scheiben von ihm abschneiden, nur dass man es sich jedes Mal auf halber Strecke anders überlegt.
Die Butter wird mit den klein gehackten Kräutern, dem gepressten Knoblauch und dem Salz gut vermischt und per Messer oder Finger großzügig, aber nicht prahlerisch in die Brotritzen geschmiert. Ca. 10 Minuten mittlerer Ofenhitze sollten dem Brot reichen, um sich in einen herzhaft duftenden Knusperlaib zu verwandeln.

TOP TIPP
Auch Olivenpaste oder -stückchen sind in der Butter-Mischung willkommen. Man kann auch mit gekaufter Kräuterbutter schummeln.
Damit das dann nicht so auffällt, zumindest ein frisches Kräutlein und frischen Knoblauch untermischen.

DIE KOMBI MACHT'S

Welches dieser verlockenden ›Dazus‹ nun den Zuschlag des Abends erhält … wer weiß? Man befrage einfach das eigene Verlangen sowie das auserwählte Filet.
Selbstverständlich können diese essbaren Kleinode auch kombiniert werden. Und – nur Mut! Gerade Leckerbissen, die augenscheinlich nicht auf einen Teller passen, können, mit skrupelloser Liebe zusammengestellt, eine Kreation ergeben, die neue Geschmackshimmel öffnet. Frechheit siegt!

FILETIERTE BEISPIELE

MARINIERTES LAMMFILET

Es braucht:
1 schöne Scheibe Lamm pro Person und
Öl für die Pfanne

Für die Marinade:
Etwas Rotwein, Lorbeer, Thymian oder andere Kräuter, Knoblauch, etwas Honig, Salz und Pfeffer

Scheiben vom Lamm werden ganz besonders delikat, wenn sie vor dem Braten etwas Zeit hatten, in einer Marinade zu ziehen. Man rührt diese also nach Gutdünken zusammen und überlässt das Fleisch darin seinem Schicksal.
Ein bis zwei Stunden sind gut, eine halbe tut's aber auch. Das Fleisch braucht nun in der Pfanne nur ein paar Minuten zu brutzeln. Lammfilets dürfen innen gerne zartrosa bleiben. Wenn sie dann herausgenommen werden, kann man den Bratsaft mit einem Stück Butter und der restlichen Marinade im Nu zu einer köstlichen Soße aufstocken.
Abschmecken und wohl bekomms.

Dazu passt vieles, aber ganz besonders das famose Regenbogen-Cous-Cous.

HONIG-HÄHNCHEN MIT ZISCH

Normalerweise ist Hähnchenfilet keine besonders beeindruckende Angelegenheit. Das ändert sich schlagartig, wenn man es mit Honig und Zitrone schmort und ihm mit Oliven zu einer netten Umgebung verhilft.

Es braucht:
1 Hühnchenfilet pro Person, 1–2 Löffel Honig, ca. 2 Zitronenscheiben (Bio) pro Filet, Olivenöl, ein paar Lauchzwiebeln, Tabasco oder Chilisoße, 1–2 Knoblauchzehen, Weißwein zum Löschen und eine ordentliche Hand voll entsteinter Oliven

Die Lauchzwiebeln werden von ihren störrischen Äußerlichkeiten befreit, zu Ringen geschnitten und mit den Filets in Olivenöl kurz angebraten.
Nun folgen die geschälten und gescheibten Zitronen und der zerlegte Knoblauch mit dem Honig und der Schärfe in die Pfanne.
Das Ganze darf so zehn Minuten vor sich hinschmoren, bis das Fleisch aus der Pfanne raus kommt, und dafür der Wein und die Olivenscheiben hinein. Jetzt soll's in der Pfanne noch einmal kurz blubbern, und schon ist der köstliche Sud bereit, die Filets auf den Tellern wiederzutreffen.

Reis passt gut dazu, aber auch Baby-Kartoffeln, verzickte Chicoreespalten und, und, und ...

TOP TIPP
Ein paar kernlose Weintrauben mitschmoren!

Ein Hauch frischer Ingwer im Bratsud gibt den Filets eine zauberhafte Extra-Umdrehung. Auch ein paar Mandelblättchen steht hier nichts im Weg. Zitonenmelisse-Blättchen sind eine schöne und schmackhafte Deko.

Lammfilet-TOP TIPP
Wer das Marinieren scheut, brät die Lammfilets einfach wie sie sind, und statt dem Marinade-Spezial gibt es dazu eine Joghurt-Minz-Soße. Einfach Joghurt mit etwas Öl, Zitronensaft, frisch gepresstem Knoblauch und fein gehackten Minzblättchen mischen. Mit Salz und Pfeffer abschmecken.
Bingobong

KÖNIGLICHES RINDERFILET

Okay, kein Zweifel, wenn saftige Rinderfilets auf den Tisch kommen, ist der Abend vergoldet. Mit Prinzessbohnen und Baby-Kartoffeln serviert, entsteht hier ein Tellergericht, das selbst den gröbsten Nörgler zu seligem Lächeln zwingt.
Und das alles ohne große Mühe.
Wer allerdings für mehrere Personen kocht, wird sich unter Umständen umgucken. Rinderfilet ist nun mal genauso teuer, wie es lecker ist.
Sei's drum. Es ist wirklich jeden Bissen wert. Übrigens, Steak schmeckt auch fantastisch und grobe Nörgler sollte man am besten gar nicht erst einladen – die sind nämlich nicht mal ein Käsebrot im Stehen wert.

Es braucht:
1 Rinderfilet für jeden, Sonnenblumenöl für die Pfanne, Salz und Pfeffer

Die Filets werden in heißem Öl schön braun gebraten. Wie auch beim Lamm gilt hier: innen rosa ist gut. Blutrot hingegen überfordert die meisten Gäste ohne Vampir-Gen. Und das Salz sollte erst ganz kurz vor Schluss dazukommen. Das Fleisch trocknet sonst aus. Ein Jammer wäre das.
Wer das Ganze noch krönen möchte, rührt aus dem Pfannensud im Nu eine herrliche Bratensoße. Wie das gehen kann, steht im Soßenkapitel. Und wer es lieber pur mag, stockt den Sud mit einem Stück Butter und etwas Zucker auf, um darin kurz die Baby-Kartoffeln zu karamellisieren. Auch ein Fest!

TOP TIPP
Bevor die Kartoffeln in der Pfanne landen, noch schnell eine zerschnittene Birne im Fleischsud anschmoren.
Uh-Yeah!
Die Filets können die paar Minuten zugedeckt im warmen Ofen warten. Tiefroter Wein in schönen Gläsern dazu, verleiht Augen und Wangen noch ein Extra-Leuchten.

GEGRILLTE LACHSFORELLE MIT KNUSPERANBAU

Es muss nämlich gar nicht immer Filet sein ...
Ganz und gar beeindruckend, und komplett in einem Rutsch gezaubert, ist die berüchtigte ›Ein-Blech-Flosse‹. Hier kommt einfach eine ganze Lachsforelle aufs Backblech, Gemüse und Kartoffelscheiben werden dazugekegelt, und ab gehts in die Röhre. Das Ergebnis sieht genauso fantastisch aus, wie's schmeckt, und man hat während der Garzeit auch noch alle Hände und Sinne frei für andere wichtige Dinge. Einen Begrüßungstrunk zum Beispiel.

Es braucht:
1 ganze, ausgenommene Lachsforelle vom Fischhöker

Und für die Marinade:
Süßen Senf, etwas Öl, Pfeffer, Salz, außerdem 1 Zitrone, frischen Dill, 1 Frühlingszwiebel und Knoblauch nach Geschmack

Für den Anbau:
Buntes, klein geschnittenes Gemüse und Kartoffelscheiben

Zuerst die Marinade zusammenrühren (sie ist gut, wenn sie scharf-salzig und ein wenig süß ist), und dann den Fisch damit hingebungsvoll von allen Seiten einreiben. Vor allem innen

braucht man damit nicht zu sparen. Nun werden Frühlingszwiebeln, Dill und Knoblauch klein geschnitten und im Fischbauch platziert. Ein paar dünne Scheiben der geschälten Zitrone gesellen sich dazu, und schon darf sich der Fisch aufs geölte Backblech legen, als wolle er schwimmen. Nun kann man ihn noch mit etwas Dill und ein oder zwei Zitronenscheibchen schmücken – schon gewonnen!

›Dazu‹ gibts, was noch daneben aufs Blech gepasst hat: Grillgemüse und wenn's gefällt auch noch Süßkartoffelknusper. Wer dem Gemüse lieber mehr Platz einräumen möchte oder einfach lieber Baby-Kartoffeln zum Fisch mag, bemüht eben doch einen Extra-Kartoffel-Topf. Und wenn man schon am Herd steht, kann man auch gleich ein halbes Päckchen Butter in der Pfanne schmelzen und eine Hand voll gehackter Petersilie darin anschmoren. Mit Salz abschmecken und – alles in Butter!

TOP TIPP

Ein paar extra Zitronenscheiben auf einem Salatblatt am Tellerrand. Gut Fisch!

Eine selbstständige Hauptsächlichkeit

DAS QUASIATISCHE BRÜHFONDUE

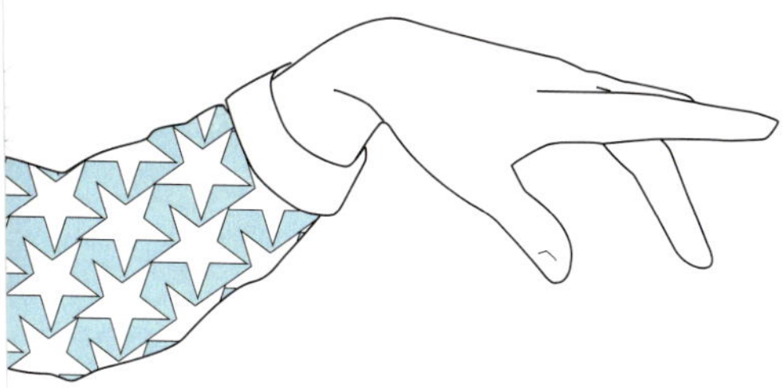

Hier kommt die federleichteste Art Fondue zu genießen!
Kein (wenn auch noch so leckerer) Käsekloß im Magen, der ungefragt die Schwerkraft verdoppelt, und schon gar kein hartnäckiger Fleisch-Friteusen-Dunst, der tagelang die Wohnung belagert.
Das ›Quasiatische Brühfondue‹ ist ein Fest für alle Sinne. Was für ein Gaumenschmaus! Besonders schön ist auch, dass man sich beim Fondue keine Gedanken um die eigenen Kochkünste machen muss. Der geneigte Gast bereitet sich seine Lieblings-Kreation ja schließlich selber zu.
Alles, was es braucht, ist eine feine, aromatische Brühe für den Topf und gute frische Zutaten, um damit den Tisch reich und bunt zu schmücken. Und natürlich ein Fondue-Set – womit wir auch schon bei der einzig möglichen Schwierigkeit wären, die dieses Festmahl mit sich bringen könnte:
die Beschaffung der Hardware.
Wer im weiteren Verwandten- oder Bekanntenkreis hat wohl noch so ein Teil zu Hause rumstehen?
Eine Tante zweiten Grades vielleicht? Zugegeben, der Küchendinosaurier in Form eines Gar-Topfes mit Tischflammen-Konstruktion und den dazugehörenden Fondue-Stochern ist heutzutage nicht mehr allzu weit verbreitet.
Aber das macht nichts. Wenn alle Stricke reißen, kann bestimmt ein Ausflug auf den Flohmarkt weiterhelfen. Der ist ohnehin eine gute Idee. Vielleicht läuft einem dabei ja gleich die Tischdecke des Abends oder ein herrlich absurder Kerzenhalter über den Weg.
Frohes Finden, frohes Fest!

Absolute Extraklasse:

EISKALTER LEBKUCHEN-ZAUBER

Es braucht:
1 oder 2 Lebkuchen pro Person, süße Sahne, Vanille-Eis (das gute!)

Für die Deko:
Zimt in Stangen- oder Pulverform oder Kakaopulver oder beides, Johannisbeeren oder ein paar hübsche Fruchtschnitzel nach Belieben, ein paar geschälte Mandeln

Die Lebkuchen werden von ihren Oblaten befreit, zerkrümelt und dann mit etwas Sahne per Gabel in leckeres Leb-Mus verwandelt. Nun darf das Vanille-Eis mitspielen. Wieder kommt die Gabel zum Einsatz, bis eine gleichmäßige Masse entstanden ist, die dann sofort im Eisfach verschwindet.
Zwei große Löffel Eis pro Lebkuchen sind eine ganz gute Marschrichtung, aber das genaue Mischverhältnis bestimmt die persönliche Vorliebe.
Wenn's ans Schlemmen geht, wird je ein Häufchen Lebkuchen-Eis auf einem hübschen Teller drapiert, wo das Ganze nach Herzenslust verziert wird.
Besonders der Tellerrand freut sich über zarte Zimt- oder Kakaobestäubung.

TOP TIPP
Wer nicht zu stoppen ist, fügt dem Eis noch ein paar in Rum geweichte Rosinen bei. Und die Deko-Mandeln können natürlich kurz in der Pfanne angeröstet werden.

Sommer-TOP TIPP
Sollte zufälligerweise gerade Sommer sein und es gibt keine Lebkuchen weit und breit, dann kann man die Küchlein auch gut und gern durch seine Lieblings-Schokokekse (die saftigen runden mit den vielen Stückchen drinnen) ersetzen. Mandel und Rum-Rosine sind auch hier herzlich eingeladen.

GELIEHENE LORBEEREN

Auch mit fremden Lorbeeren kann man einen gelungenen Tusch an den Abschluss hexen. Besonders wenn es sich hierbei nicht um Lorbeeren, sondern um essbare Schmuckstücke aus der Tiefkühltruhe vom gut sortierten Asialaden handelt. Man kann da tatsächlich so einiges finden, das jedes eigene Handanlegen überflüssig macht.
Meine absoluten Favoriten sind die kleinen Reisteig-Bomben mit Erdnussfüllung (die wollen bloß kurz heiß gemacht werden) und die mit Kokoseis gefüllten Bambusstangen (eiskalt, sofort genießbar).
Auf einem Teller, mit ein paar exotischen Früchtchen angerichtet, ergeben diese in jedem Fall ein erstaunliches Finale.

Es braucht:
1 gut bestückten Asialaden

Apropos Kokos ...

KOKOSPUDDING MIT KARAMELLSOSSE

Hmmmmmmm. *Ich schwör's*

Es braucht:
1 Dose Kokosmilch (groß),
1 Päckchen Vanillepuddingpulver, 2 EL Zucker
Das Karamell braucht: Zucker, Kokosflocken und ein wenig Butter + Wasser

Das Ganze ist denkbar simpel. Man kocht einen einfachen Vanillepudding, wie es auf den Päckchen steht, nur dass statt Kuhmilch die Kokosmilch mit ca 1/2 Tasse Wasser in den Topf kommt. Ist der Pudding gekocht, braucht er bloß noch auf ca 4-5 kalt ausgespülte Tassen oder Schüsselchen verteilt zu werden – nun darf er ordentlich stocken und im Kühlschrank auf seine Bestimmung warten.

Wenn es so weit ist, werden die Tassen auf hübschen Tellern gestürzt, wo die Löffel-fertigen Meisterwerke mit heißem Karamell besiegelt werden.
Das Karamell wird ganz einfach aus einer Tasse Zucker mit einem guten Schluck Wasser unter Rühren in der Pfanne geschmolzen.
Wenn ein Haselnuss-brauner Sirup entstanden ist, kann er vom Fleck weg über die schöne Bescherung gelöffelt werden. Ach ja: Auch der Tellerrand mag feine Kokos-Karamellbahnen.

TOP TIPP
Die Teller gern noch mit Kokosflocken und Traubenhälften oder hübschen Beeren schmücken.
Den Pudding kann man natürlich auch gut schon am Tag zubereiten. Abends braucht dann nur noch die Pfanne fürs Karamell herzuhalten.

Oder lieber mit MANGO-MARK ?

Wer die hübsch gestürzten Kokos-Puddings lieber fruchtig als karamellig zur Vollendung führen möchte, ist mit diesem köstlichen Mango-Mark bestens bedient – und zwar ruck, zuck!

Es braucht:
1 Dose Mango, 1 Spritzer Zitronensaft und geriebenen frischen Ingwer nach Geschmack

Die Frucht-Filets werden mit einem Schluck von ihrem ›Dosen-Saft‹ und ein wenig geriebenem Ingwer im Topf per Zauberstab püriert, oder einfach mit einer Gabel zu Mus gemacht. Nun wird das Ganze unter gelegentlichem Rühren aufgekocht und zu guter Letzt mit etwas Zitronensaft abgeschmeckt. Bingo.
Ob nun das Mango-Mark noch dampfend über die angerichteten ›Kokosberge‹ gelöffelt wird oder aber gut gekühlt die Puddingteller beglücken darf, entscheidet die Vorliebe.

TOP TIPP
Wenn noch etwas Rum dieses Frucht-Wunder küssen darf, kennt die Verzückung keine Grenzen mehr. Einfach einen Schluck in das noch heiße Mark einrühren. Yes!

Den Verzierungs-Vogel für dieses betörende Danach schießt in jedem Fall ein frei erfundenes Ikebana aus einem dünnen Schnitz frischer Mango und etwas Zitronengras ab.

EXTRA-EXTRAS

Für eine sanfte Landung nach einem kulinarischen Höhenflug bietet sich immer etwas Kleines, Starkes an. Zum Beispiel ein teuflisch schwarzer Espresso, gern begleitet von einem Glückskeks, oder einem kleinen, eisgeblümten Aquavit …

DIE EISHEILIGEN

Ein besonders exzellenter Abschluss-Schluck entsteht, wenn man nicht nur den Aquavit (oder Wodka) im Eisfach vorglüht, sondern auch die kleinen Gläser.
Herrliche Eisblumen wachsen übrigens auf ihnen, wenn man sie vor dem Gefriergang in Wasser taucht. Und wer noch einen zarten Zweig Johannisbeeren in den Gläsern mitfrostet, hat ganz am Schluss noch einen extra Gang zugelegt.

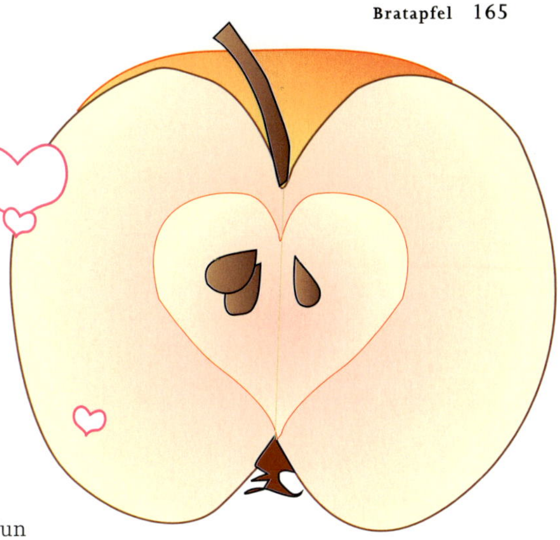

Besser als die Briefmarkensammlung:

BRATAPFEL

Wer mehrgängigen Aufwand partout vermeiden möchte und dennoch einen guten Vorwand zur Vorladung einer besonderen Person in die eigenen vier Wände sucht, stellt den wunderbarsten kulinarischen Einzelgänger unter der Wintersonne in Aussicht: den Bratapfel!
Wenn allerdings gerade Sommer ist, muss eben doch die Briefmarkensammlung herhalten.
Auch ein guter Trick.

BRATAPFEL MIT GEBRANNTEN MANDELN

Es braucht:
1 festen großen Apfel pro Kopf + Herz (am besten Boskop), Marzipanrohmasse oder ein Marzipanbrot, 1 Zimtstange, eine Hand voll Rosinen und etwas Rum zum Einweichen, Mandelblättchen, Zucker

Für die Soße:
1/2 Liter Milch, 1 Päckchen Vanillesoßenpulver, 2 EL Zucker

Die Äpfel werden gewaschen und von ihrem kernigen Gehäuse befreit.
Das geht am besten, indem man das obere Viertel vom Apfel glatt abschneidet und dann sein Inneres mit einem kleinen Messer aushöhlt. Auch die Apfel-Hütchen kriegen ein Loch verpasst (da wo der Stiel war). Nun stopft man einfach etwas Marzipan, ein paar Mandelblättchen und so viele Rosinen, wie man mag, in den Apfelbauch. Die Rosinen können vorher gern in etwas Rum gelegen haben.
Zu guter Letzt setzt man dem Apfel seinen Hut wieder auf und steckt einige lange Splitter von der Zimtstange durch das Loch.
Im mittelheißen Ofen brauchen die gefüllten Früchte jetzt etwa 30 Minuten, um sich in wahre Genuss-Granaten zu verwandeln. Sehr gut!
Das ist genau die Zeit, die es braucht, um Soße zu kochen, Mandeln zu brennen und einen Begrüßungs-Schluck zu trinken.

Die Vanilllesoße kocht man einfach, wie es hinten auf dem Päckchen steht, nur dass gern noch eine kleine Hand voll Mohn mitspielen darf.

Dann kommen die Mandelblättchen in die Pfanne, werden mit Zucker bestreut und auf kleiner bis mittlerer Flamme goldbraun geröstet.
Wenn der Zucker erst einmal angefangen hat zu karamellisieren, geht alles ziemlich schnell. Obacht also – und das Rühren nicht vergessen.
Wenn es so weit ist, die Pfanne sofort vom Herd nehmen und die Knuspermandeln abkühlen lassen …
Die Küche riecht inzwischen fantastisch.

Die Äpfel sind fertig, wenn sie weich und ein bisschen aus der Form sind.
Auf den Tellern werden sie dann mit den gebrannten Mandeln gekrönt.
Die Vanille-Soße kann sich jeder selbst darüber gießen.

TOP TIPP

Eine Butterflocke, auf den Äpfeln mitgebacken, verleiht ihnen knusprigen Extra-Glanz, und Rotwein dazu getrunken lässt auch die Augen glänzen.

Beim Einkauf nur ein Marzipanbrot mit Schokolade gefunden?
Macht nichts.
Abkrümeln und wegnaschen!

Wer's ganz genau wissen will, kann auch statt Marzipan geriebene Mandeln nehmen, die mit einem ordentlichen Schwung Honig in der Pfanne zu einem goldigen Mus geröstet werden. Das dauert fünf Minuten länger, ist aber ein Knaller!!!

Duftende Croissants fragen nicht nach Wurst und Käse.

Guter starker Kaffee ist der Zaubertrank der Bettverwöhnung.

Marmeladen-Kleckse auf Apfelscheiben lösen die Deko- und Belagsfrage in Wohlgefallen auf.

Guten Morgen, du Schönes.

FRÜHSTÜCK ANS BETT

Eines der blendendsten Werke überhaupt ist und bleibt das Frühstück ans Bett.
Und gerade weil die Anlässe, zu denen es bereitet wird, immer ganz besondere sind, ist es wichtig, das Kissen-Picknick gebührend und ausladend zu zelebrieren. Komplizierte und Zeit raubende Vorbereitungen gilt es jetzt dafür tunlichst zu vermeiden. Wozu auch unnötiger Aufwand? Einfach und gut ist die Devise – und gern ein bisschen Zauberei.

Piccolo, Piccolo? Aber ja! Oder nein? – Dann frisch gepressten Orangensaft. Oder beides.

Knackige Weintrauben sind ein vorzüglicher Extra-Augenschmaus.

Eine kleine Blume im Eierbecher oder Saftglas ist der schönste Guten-Morgen-Gruß der Welt.

Wenn es ›eiern‹ soll, dann gerührt. Im Bett ist kein Platz für Diskussionen über zu harte oder zu weiche Eier – frischer Schnittlauch tut dafür den Trick.

GEISTERBAHN DER GESUNDMONSTER

Oder: Die Axt im Regelwald

BRRrrmmmm … der Körper als Auto. Seine Nahrung also der Treibstoff. Essen kann heilen und Essen kann krank machen. So viel ist klar. Ganz besonders klar ist das den Erfindern der unzähligen Lehren und Formen der gesunden Ernährung. Und bei denen scheint es allgemein zum guten Ton zu gehören, Essen in *gut* und *schlecht* zu unterteilen.
Vor allem in *schlecht*. Und das ist, je nach Glaubensrichtung, natürlich immer etwas anderes.
Während also eine Fraktion sagt:

»Du sollst nicht essen Böses,
Hartes und Scharfes!«,

erklärt eine andere hart gesottenere Gruppierung das Erwärmen oder gar Weichkochen von Nahrungsmitteln per se zur Wurzel alles Ernährungs-Bösen. Bei denen kommt dann auch nur Roh, Roh oder Roh auf den Teller – na super. Bestimmt sehr gesund!!
Es gibt da wirklich ein paar wundersame Glaubenssätze: ›Süß-macht-sauer‹, ›Fett-macht-fett‹ oder ›Brot-macht-dumm‹ zum Beispiel. Aha?! Und manche dieser selbst ernannten ›Ganz-genau-Wisser‹ mit besorgtem Blick und aufgerecktem Zeigefinger leben auch noch ausgesprochen gut von ihren Theorien. Wirklich beeindruckend!
Mag ja sein, Kohlenhydrate sind der Teufel für Herrn Dr. Sonstwie. Wenn ihm der Bauch zwackt, wenn er Brot isst, sollte er es wirklich lieber weglassen. Aber deshalb gleich der ganzen Welt einen Brot-Entzug anzudienen? Vielleicht ist diesen Gesund-Missionaren ja vor lauter Magenknurren (oder Sodbrennen) entfallen, dass der Mensch so unterschiedlich ist wie seine Bedürfnisse – und sein Geschmack. Auf der anderen Seite muss man feststellen, dass ganz unabhängig davon, was schmeckt oder gut tut, wirklich viele Menschen erstaunlich dankbar für Regeln und Antworten sind.
Es beruhigt sie irgendwie zu wissen, was sie tun und was sie lassen sollen. Na gut.
Ich würde sagen, glücklich hat Recht. Es gibt ja auch wirklich schlimmeres als die ›Leben-ohne-Fett‹- oder ›Froh-durch-Fallobst‹-Partei. Trotzdem seltsam.
Wer würde denn bereitwillig die Tanköffnung von seinem Benzin trinkenden Auto hinhalten, nur weil einer an der Tanksäule steht und schreit:

»Diesel ist das einzig Wahre!!!«?!

– Das ist natürlich etwas völlig anderes als das mit dem Essen.
Aber eben nicht!
Rauszufinden, wie der eigene Motor tickt, ist, glaube ich, eine gute Idee. Meine Kur denke ich mir jedenfalls lieber selber aus. Und überhaupt. Eine gute Kur sollte so lecker sein, dass sie am besten für immer ist. Keine ›Ganz-und-gar-nichts‹, dafür ein paar ›Je-nachdems‹. Und das Zauberwort heißt wieder mal: Genießen! Eine lecker Lebenskur quasi.
Lecker Ein guter Punkt. Dieses Wort ist nämlich das einzig funktionierende Mantra, wenn es darum geht, sich gegen private Ernährungsapostel abzuschirmen, jene Mensch gewordenen Rechenschieber, die einem im täglichen Leben über die Schulter gucken und sagen: »Oh, ein Müsli ist aber viel gesünder ohne Trockenfrüchte.«

Oder: »Was? Du zuckerst deine Erdbeeren?« Diese Menschen haben keinen Spaß. Und was noch viel schlimmer ist, sie *machen* keinen Spaß. Am Ende sind es auch noch dieselben, bei denen das gerade mal angebrochene ›Gesundmüsli‹ hundert Jahre ungeliebt im Schrank verstaubt und die dann rot werden, wenn man sie aus Versehen bei der Currywurst-Bude erwischt.
Ich esse einfach am liebsten das Leckerste, was ich finden kann oder mache eben das Leckerste aus dem, was zu finden ist. Und dazu gehören ganz eindeutig Cornflakes mit Obst, ›quasi-asiatische‹ Super-Suppen und warme ›Pseudo-Körnerbrötchen‹, gefüllt mit sagen wir ›Parmesan-Crème-fraîche-Mus‹ und Tomate …
Weiß doch jeder: Gesund ist, was gut tut. Froh sein zum Beispiel ist sehr gesund. Und zeig mir einer den, der es schafft, eine Schüssel Cornflakes mit Milch und süßen Erdbeeren zu essen und dabei schlechte Laune zu haben.
Ein erhobener Zeigefinger ist nur für eins gut. Zum Ablecken!

KNUSPER-HEILUNG FÜR DAS GESUND-MÜSLI

Wer schon mal in einem Anfall vollends verzerrter Selbstwahrnehmung eine Riesenpackung grob-flockiges Gesund-Müsli gekauft hat, kennt dieses Dilemma. Wochenlang steht das körnige Monster im Regal rum, fast gänzlich unberührt (vor allem aber ungeliebt) und flüstert einem langsam aber sicher ein schlechtes Gewissen ein – nur weil man sein lecker Frühstücksobst dann doch lieber unbeschwert genießt! – Aber das ganze Flocken-Kilo mal eben wegschmeißen? Kommt nicht in Frage! Und was nun? – Oder besser, was *tun*? Ganz einfach. Verschenken.
Oder aber mit Honig und Ernussbutter köstlich rösten – und dann verschenken, jedenfalls die Hälfte …

Es braucht:
Ungeliebtes Müsli, ein paar Löffel Honig und ein wenig Erdnussbutter

Das Müsli wird in die Pfanne gekippt (aber nicht alles auf einmal, die Flocken sollen ja keine Platzangst kriegen …), ca 3 Löffel Honig und etwas weniger Erdnussbutter kommen dazu und nun wird behutsam gerührt und geröstet, bis es herrlich duftet und alles schön goldig braun aussieht. Den so entstandenen Knusperzauber genüsslich mit Obst, Milch oder Joghurt verspeisen – und dann den Rest gut verpacken, damit für die Freunde auch noch was übrig bleibt.

TOP TIPP

Wie viel Honig und Erdnussbutter nun genau in die Pfanne kommen, sagt einem natürlich die persönliche Vorliebe. Aber Obacht: zu viel des Guten macht aus knusprig – *klebrig*.

Wenn das Müsli *so* schrecklich gesund war, dass weder Rosinen noch Nüsse mitspielen durften, sind diese zur Knusperheilung herzlich eingeladen. Nuss- und Mandelsplitter werden gleich mitgeröstet, Rosinen und anderes Trockenobst kommen erst am Schluss dazu. Und ein Schwung Cornflakes, zu guter Letzt eingeflogen, erleichtert die süßen Krossies ungemein.

FROHES KNUSPERN.

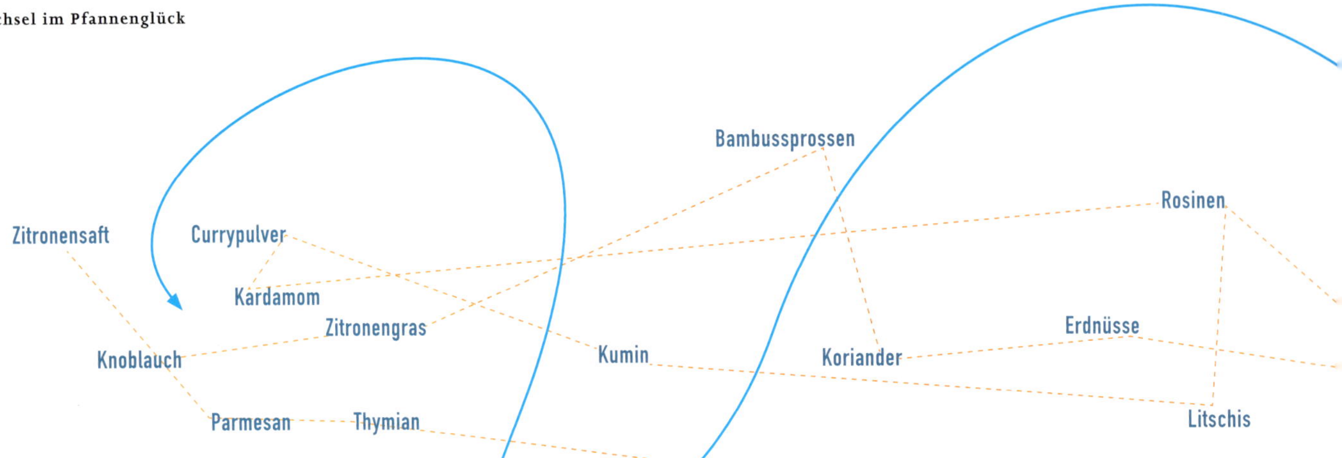

WELTENWECHSEL IM PFANNENGLÜCK

Herrlich. – Bloß etwas von dem Lieblingsgemüse in die Pfanne schnibbeln, das Ganze ein bisschen gewürzen, vielleicht noch bekäsen, ein paar Minuten rührschmoren und: lecker! Gemüsepfannen sind leicht, fast so variabel wie Top-Models, und abzuwaschen gibt's hinterher auch kaum etwas. Einfach perfekt … aber leider auf die Dauer auch ein bisschen langweilig.
Wäre da nicht der ›Genusskompass‹ – jenes fantastische Zauberding, das einen durch ein paar gezielte Dazutaten und Handgriffe im Nu an den Geschmackshorizont seines Verlangens führt.
Und sollte die geheime Schatzkammer einmal nicht auf eine Blitzreise Richtung Indien oder Thailand vorbereitet sein – umso besser!
Dann geht es eben über den Horizont hinaus in ein neues, unentdecktes Lecker-Lieblingsland.
Ahoi

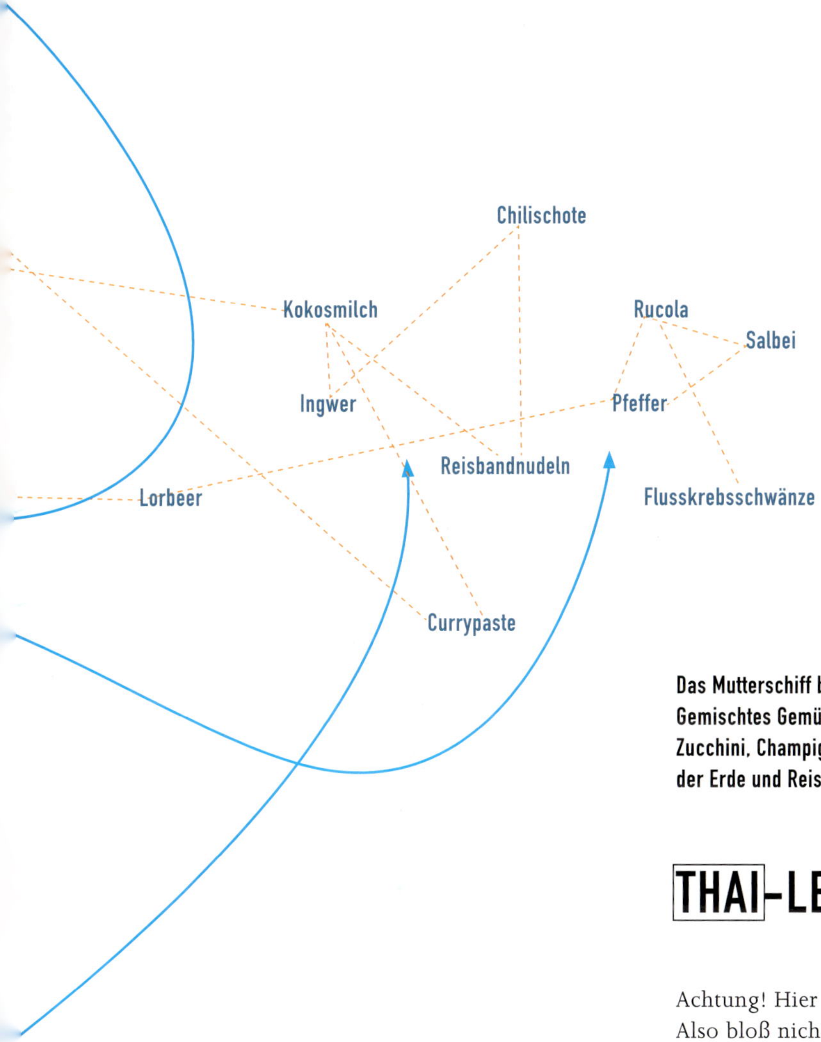

Das Mutterschiff braucht:
Gemischtes Gemüse, z.B. gelbe Paprika, Zucchini, Champignons, ein wenig Salz der Erde und Reisefieber*

THAI-LEN, BEEILEN

Achtung! Hier wird's gefährlich lecker. Also bloß nicht am Tisch rumtrödeln, wenn man für Freunde gekocht hat. Sonst muss geknobelt werden, wer das Nachkochen übernimmt.

Und los:
Richtung Thailand kann es leichten Fußes gehen. **Scharf-fruchtig** steht auf dem Wegweiser. Nichts braucht hier in Fett zu schwimmen, und das Gemüse hat es gerne, wenn man ihm seine Knackigkeit lässt.

SCHNITTMUSTERUNG:
am liebsten fein gestreift

WÜRZIGES ABRAKADABRA:
Rote, grüne oder gelbe **Currypaste**. Man entscheide sich nach Geschmack für eine der Ampelfarben, verrühre 1-2 Löffel davon in etwas **Wasser** oder **Öl** und gare das Gemüse darin. **Ingwer** und **Zitronengras** kommen frisch zerschnitten nach Belieben dazu. Genau wie die **Chilischote**. Und die scharfen Finger bloß nicht ablecken oder in die Augen kriegen! Die grünen **Koriander**-Blättchen ganz am Schluss einfliegen … und damit nur nicht sparen. Geröstete **Erdnüsse**: zerhackt on top.

CRÈME DE LA CRÈME:
Kokosmilch: Schluckweise in die Pfanne. Ein Gedicht von Anfang an. Nach Geschmack mit Wasser verdünnen.

WILLKOMMENE MITREISENDE:
Wie immer, geht alles. Aber besonders gern gehen mit auf diese Reise: **Zuckerschoten, Möhren, Brechbohnen, Bambussprossen** und **Frühlingszwiebeln.**

MEHR, MEHR, MEHR:
Wenns noch etwas extra sein darf: **Flusskrebsschwänze, Shrimps** oder klein geschnittenes **Hühnchenfilet** mitschmoren. Dazu **Jasminreis** oder **Reisbandnudeln** – und Stäbchen.

Nudel-TOP TIPP
Die Reisbandnudeln ca. 8 Minuten in Wasser einweichen und dann einfach mitschmoren.

VERLIEBT INDISCH UND MISCH

Herrlich würzig und angenehm schwer. Die wärmste Erlösung nach einem langen anstrengenden Tag. Wer hiervon genug isst, nimmt sogar den Weltuntergang gelassen. Auch das Gemüse sieht das ähnlich und lässt sich bereitwillig weich kochen. Auf dem Wegweiser steht **süß-scharf**, abbiegen kann man immer noch.

SCHNITTMUSTERUNG:

gern gnubbelig

WÜRZIGES ABRAKADABRA:

Currypulver, **Kumin** und/oder **Kardamom** gefühlvoll mit dem **Öl** vermischen, in dem das Gemüse schmort. **Mandelstückchen** und **Rosinen** werden gleich mit in den Harem geschickt. Dann den **Knoblauch** dazubitten, oder auch nicht. **Chili** soll schärfen, aber nicht brennen!

CRÈME DE LA CRÈME:

Sahne! – Die süße **Sahne** darf gleich nach dem Anschmoren des Gemüses mit ins Boot. Sie glättet und beruhigt alle Mitreisenden aufs Vorzüglichste.

WILLKOMMENE MITREISENDE:

Richtung Indien wollen ja alle mal. Das gilt auch fürs Gemüse. **Brokkoli**, **Blumenkohl**, **rote Paprika**, **Kartoffeln** und **Spinat** drängen sich geradezu darum, einmal mitgenommen zu werden.

MEHR, MEHR, MEHR:

Diese Pfanne will protzen! Dazu braucht sie Nebendarsteller. Einen **Reisberg** zum Beispiel, auch gerne safrangelb.
Noch profunder wird sie mit mitgeschmorten Filetstückchen, zum Beispiel vom **Lamm**, und aufheitern lässt sie sich gerne durch ein kühles **Joghurtsößchen** und ein paar **Litschis** am Rande.

MEDITERÄHNLICH

Was wäre diese Welt ohne die mediterrane Zauberin? … Verloren. Kräuterig frisch und doch wärmend, wiegt sie einen in Sicherheit, gibt Kraft für neue Taten und lässt Sommerwinde erahnen, selbst wenn Dauerregen fällt. **Al dente** heißt ihr Zauberwort, und Rotwein ist ihre große Liebe.

SCHNITTMUSTERUNG:
am liebsten gescheibt. Nicht zu dick, nicht zu dünn, gerade richtig.

WÜRZIGES ABRAKADABRA:
Ja natürlich **Knoblauch**! Frisch gescheibt und behutsam mitgeschmort (scharf angebraten verbittert er).
Und worin soll er schmoren?
Na, in gutem **Olivenöl**. Und womit?
Ohne Zweifel mit einer Auswahl delikater Kräuter:
Rosmarin, Thymian, Lorbeer, aber auch **Oregano** und **Salbei** sind liebend gern dabei. Am allerliebsten als kleine Gruppe, die der Reiseleiter nach Gutdünken aus ihnen zusammenstellt. Um die Gunst der Stunde buhlen außerdem **Rucola** und **Basilikum**. Wer von ihnen wird die blattgrüne Krönung übernehmen?
Der nicht wegzudenkende **Parmesan** ist mit beiden einverstanden. Am Rucola kann er sich etwas stärker reiben als am Basilikum – aber Konkurrenz belebt ja das Tellergericht. Frisch gemahlener **Pfeffer** und ein Spritzer **Zitronensaft** sorgen zu guter Letzt für ein weiteres Spannungsfeld auf der essbaren Spielwiese!

CRÈME DE LA CRÈME:
Wozu Crème?
Gutes **Olivenöl** sagt hier alles! Über ein paar aufgeworfene **Mozzarella**-Würfel am Reiseziel (auf demTeller) wird sich aber trotzdem bestimmt niemand beschweren.

WILLKOMMENE MITREISENDE:
Für diesen Ausflug steht fast jedes junge Gemüse Schlange. Hier kommt es ja auch so richtig schön zur Geltung. Die reife **Tomate** mit ihrer Sonnen-Erfahrung drängelt sich allerdings gerne noch vor die knackigen Grünschnäbel. Gut so.
Und auch die **Aubergine** will hier zu ihrem Recht kommen. Das soll sie kriegen! Ihre Gegenwart wird alle Anwesenden in Entzücken versetzen.

MEHR, MEHR, MEHR:
Gern ein bisschen heftiger deftiger?
Dann etwas **Speck** mitbrutzeln.
Und wer das noch toppen will, stürzt auch noch ein paar ganze **Scampis** mit ins mediterähnliche Brat-Vergnügen. Die können dann mit herrlich ölverschmierten Fingern am gedeckten Tisch gepult werden. Und rein gar nichts spricht gegen ein Stück frisches oder ofenwarmes **Brot** dazu.
Mund auf, Augen auf …

... ABFLUG!

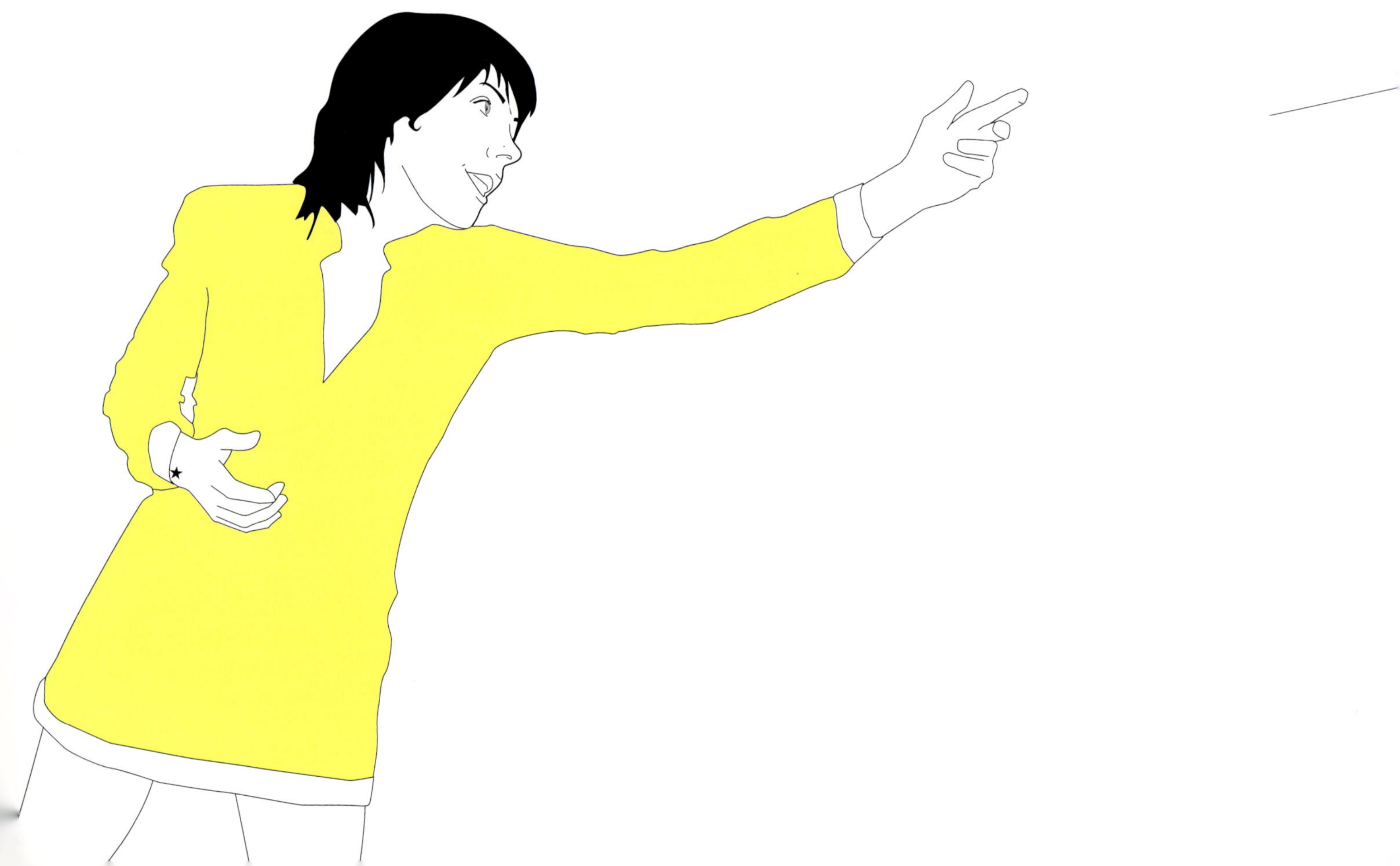

DAS KÖCHELVERZEICHNIS

DAVOR UND EINFACH SO

DAZU UND MITTENDRIN

DANACH UND ÜBERHAUPT

SÜSSE BASIS-LIEBLINGE

RETTUNG FÜR RAMPONIERTE SCHÄTZE

RITTERSCHLAG DER RESTEKÜCHE

BLÄTTERTEIG

MAIS FOR EVER

LIEBLINGS-SUPPEN

DA HAST DU DEN SALAT

FILETIERTE BEISPIELE

SUPER SOSSEN

EI UND EXTRAS

DIE BLUMENKUNDE

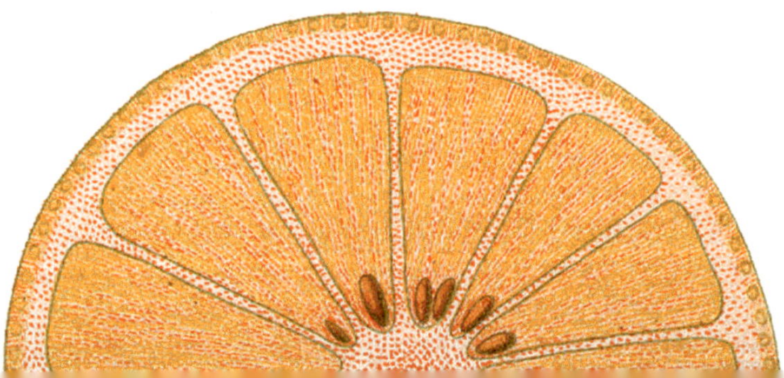

DANKE SCHÖN

Jovanka: Ich danke Fabian für sein Herz, Omi Anni für mein Herz, Wolf-Dieter für das Geschenk, Karin für die Begeisterung, dem Leuchtturm für sein Licht, Marianne für lecker Essen, Ilse für Ilse, Clodo für immer, Thomas und Chrish für alles und mehr.

Chrish: Meiner Mum für das erste Essen überhaupt, Jenny for ever, Bartl für den schönsten Küchentisch, Agnieszka für das perfekte Wochenende, Heidi für das Ping in my heart, Petit-Pusch für jeden Tag, Mirjam für die S-Klasse, Club der großen Frauen, Lobinho für den Biss, Larsomat für den Check-check, Dr. Brown für sein Brain, Prof. Michael Klar für den Blick, Lady B. für den Salsa, Karsten für das Schnuppern, Bolzmann für seine Lieder, Arik for your ways, Annabel für das Pflanzenhotel, Anne für ihren Dschungel, Baiser on Panda Sex, Mario für Kügelchen, Timur für die Ente No.40, Oliver, die Sachbearbeiter, Inn.to, Marion, Rudi, Esther-touch-éclat, Hassu Tumbler, Pinky, Matias, Martin, Jörg, Helmut, Franzi, Jojo, Pi, Hubi, Ghada, Bianca, Fillip, Dr. Kern, Kerstin, Fabio & Chris, Hendrik, Jan, Hennig, Jürgen & Susanne, Dani, Kristin, Lilly, Antek (Wuff), Peter, Karin, Jens, Helmut, Morella …

Für die Brötchen:
Wir danken: Thomas Fischer für Vorschmecken, Nachlesen und Mitdenken, Lars für den Kontaktfunken, Guelriz für Hand,Werk und Geschmack im Kochstudio, Heidi für die Bereitschaft, Tine für ihr Verständnis, Esther für die Küchenwaage, Marai für schöne Fotoexperimente, Susan für die Verknüpfung, Fiona Bennett für den klasse Zauberhut.
Oliver, Daniel, Ulrike und den anderen hellen Schwarzköpfen für ihre Energie und Aufmerksamkeit.

Jovanka sagt ›Danke‹ und Chrish nickt und sagt ›Danke‹ und Jovanka blinzelt.
(Verbeugung)

ALLES GUTE

IMPRESSUM

Jovanka v. Willsdorf & Chrish Klose
Gequälte Brötchen
Ein Küchenzauberbuch

ISBN 3-89602-676-3

Grafische Gesamtgestaltung
Chrish Klose

Bild-Ideen
Chrish Klose und Jovanka v. Willsdorf

Lektorat
Thomas Fischer

Korrektorat
Conny Weiser, Linn Schumacher

Hinweis
Wer sich beim Essen verschluckt, ist selbst schuld.

Katalog
Wir senden Ihnen gern unseren kostenlosen Katalog.
Schwarzkopf & Schwarzkopf Verlag GmbH
Kastanienallee 32, 10435 Berlin
Tel. 030. 44 33 63 00
Fax. 030. 44 33 63 044

Internet
Ausführliche Informationen zum Verlagsprogramm finden Sie im Internet.
www.schwarzkopf-schwarzkopf.de

eMail
info@schwarzkopf-schwarzkopf.de

ZU DEN AUTORINNEN

Jovanka v. Willsdorf, Autorin des Buches, ist eigentlich Musikerin, liebt es, gut zu essen und hasst normale Kochbücher. Geboren wurde sie in Hamburg. Sie lebte eine Zeit lang in San Francisco und spielte mit diversen Bands in Europa, bevor sie 1994 nach Berlin zog. Sie ist Songwriterin und Kopf der Band QUARKS, deren viertes Album 2005 bei Sony/Home erschien. Kochen ist für sie lebensnotwendiger Luxus und Vergnügen, weil »alles geht, so gut es schmeckt«.

26. 1. 06 im „Doppelkopfgespräch" im HR2

Chrish Klose brachte die Bilderwelt in den Brötchen-Kosmos, wurde in München geboren und lebt seit 1997 in Berlin. Sie ist Grafik-Designerin, Illustratorin in eigener Agentur ›die Sachbearbeiter‹ und Künstlerin. Sie ist verantwortlich für die Art-direction und die Gesamtgestaltung beim Blumenbar Verlag, München.
Seit dem Zusammenprall mit Jovanka cruisen die beiden zusammen durch das ›Gequälte Brötchen‹-Universum.

FÜR LECKERE EINFÄLLE

S. 40 von Crouton ⇒ Krutong